رحلة تو يو يو

في البحث عن "الأرتيمسنين"

رحلة تو يو يو

في البحث عن "الأرتيميسنين"

تأليف:

شاو يي ران (دار النشر للصناعة الكيميائية، الصين)

لي دان (محطة تلفزيون بكين، الصين)

لجنة التأليف:

هو تسي تشيانغ (جامعة الأكاديمية الصينية للعلوم، الصين)

لي دان (محطة تلفزيون بكين، الصين)

شاو يي ران (دار النشر للصناعة الكيميائية، الصين)

سون تشن هو (دار النشر للصناعة الكيميائية، الصين)

وانغ مان يوان (جامعة العاصمة للطب، الصين)

يانغ لان (الأكاديمية الصينية لعلوم الطب الصيني، الصين)

تشانغ ون هو (دار النشر للصناعة الكيميائية، الصين)

ترجمة: تشو شيوان، تشين شين ياو، طارق محمد

Books Beyond Boundaries

ROYAL COLLINS

رحلة تو يو يو في البحث عن الأرتيميسينين

تأليف:

شاو يي ران

لي دان

النسخة العربية الأولى عام 2022

By Royal Collins Publishing Group Inc.

BKM ROYALCOLLINS PUBLISHERS PRIVATE LIMITED

www.royalcollins.com

Headquarters: 550-555 boul. René-Lévesque O Montréal (Québec) H2Z1B1 Canada

India office: 805 Hemkunt House, 8th Floor, Rajendra Place, New Delhi 110 008

ISBN: 978-1-4878-0858-7

Jacket photograph © CNSphoto.com

أول عالمة صينية تفوز بجائزة نوبل
بفضل البحث عن مادة "الأرتيمسنين" العشبية

قصة ملهمة لعالمة صينية.

تاريخ صعب وغامض للملاريا في الصين.

وفي مواجهة الخلافات المتشعبة، ألحّت على،

"سوف أتعلم المزيد فقط"

وسكتت بعد ذلك.

المقدمة

يحكي هذا الكتاب قصةَ اكتشاف الدواء الأسطوري -الأرتيمسنين-(Artemisinin).
هذه قصة تو يو يو، التي، كما نعلم، تقاسمت مع وليام كامبل وساتوشي أومورا جائزة نوبل للطب لعام 2015، لاكتشاف مادة "الأرتيمسنين" العشبية كدواء للملاريا.

لم تكن السيدة تو راغبة في حكاية قصتها نفسها لمدة طويلة. وفي اليوم الذي تم فيه إعلان فوزها بجائزة نوبل، دعت الصحفيين إلى قراءة كتابها ((عشبة الشيح الحولي والأدوية المتعلقة بالأرتيمسنين)) الذي حررته أنا، وأصدره دار النشر للصناعة الكيميائية. كنت محظوظا جدا بالعمل مع السيدة تو يو يو، ومن خلال العمل، اطلعت على تفاصيل وتغيرات قصتها العويصة والمشرقة.

تمتد فترة التاريخ المغطاة في هذا الكتاب إلى عصر معين ومُوَلَّد من حرب متعسة، وكانت هذه الفترة ذات صلة وثيقة بسر"مشروع 523"، الذي شغّل كثير من المعاهد والأفراد في الصين. تقرأ القصة كالدراما مع خلفية مسرحية رنانة، ومجموعة من المنشدين المطربين، وأدوار متنوعة، وذلك كله، هو الذي دفع إلى تطور القصة. وعلى الرغم من ذلك، نحن نعلم أن روح المسرحية هي حياة الأبطال، وأما كل ما يحدث معهم فهو الحبكة. هذه المسرحية عن اكتشافٍ علميٍّ لعالمةٍ صينيةٍ.

الاكتشاف العظيم يأتي دائما نتيجة ظروف متفاعلة، وهذا جزء لا يتجزأ من الألمعية والحكمة، والشخصية الصارمة للمكتشف: وطالما يتطلب ذلك قليلا من الحظ أيضا. وخاصة في كثير من الاكتشافات العلمية، حيث يجرّب العلماء أذهانهم، ولكن، يمكن الحصول على الإيحاء والإثارة فقط تحت ظروف غير جوهرية. واكتشافات كهذه، قد تبدو سكتة دماغية متعذرة للعبقريات، ولكن في الحقيقة، هذه الاكتشافات قفزة لتفكير إبداعي للعلماء. كما ورد في الكتاب، المداواة الطبيعية لعلاج الملاريا بعشبة الشيح، لها تاريخ يعود إلى آلاف السنين في الصين. لقد حاول العديد من العلماء أن يبحثوا عن مناهج مؤثرة لعلاج الملاريا، ولكن لماذا تحقق هذا التقدم المذهل على يد تو يو يو؟ هل كان هذا اكتشافا بمخض الصدفة؟ أم هذا نتيجة لمنطق أساسي؟

مهمة العلماء هي، اكتشاف الأسرار الطبيعية، ولكن عملية اكتشافهم أيضا سرّ. وهذا واجب نظرية "المعرفة" أن تحل هذا اللغز. لقد أجرى الفلاسفة دراساتٍ مختلفة حول اكتساب معرفة النوع الإنساني خلال ألفي عام، واستنتجوا أفكاراً أصيلةً كثيرةً، وتعليقاتٍ حادَّةً.

أيّد جون لوك نظرية "التجريبية" إشارةً إلى أن "المعرفة ثمرة التجربة"، وأيَّد أفلاطون وإيمانويل كانت نظرية "العقلانية" بالإشارة إلى أن "المعرفة بديهية"، وأيَّد ديفيد هيوم نظرية "الشكوكية" إشارة إلى أن "استجواب النوع البشري كفاءة استقرائية لترقية الملاحظات التجريبية إلى القواعد العالمية". وفي عملية بيان وجهات نظرهم الفلسفية، عبر هؤلاء الفلاسفة عن جدارتهم الاستدلالية البارزة، وألمعيتهم العقلانية، وفهمهم معرفة الإنسان والإنسانية، وذلك كله ما يستحق اهتمامنا.

ومع ذلك، "التجريبية" و"العقلانية" غير قادرتين على حل سر الاكتشاف العلمي بأكمله. بـ"التجريبية" قد يستطيع أحدٌ أن يهتم بالسجلات القديمة، والصيغ التجريبية لمعالجة الملاريا عن طريق عشبة الشيح، ومئات التجارب لـ"مشروع 523" في حينٍ، يُستخف بالمكتشفة الرئيسية وإنجازاتها الأصيلة. وبـ"العقلانية" قد يركِّز أحدٌ على المنطق المستخلص للسيدة تو يو يو، نتيجة التركيز المفرط على الكفاءة الاستدلالية البديهية العقلانية للعلماء. ولكن، يتبلور بعد قراءة هذا الكتاب أن التجريبية والعقلانية

لاتستطيعان أن توفرا صورةً كاملةً ودقيقةً جدا لشرح اكتشاف "الأرتيمسنين": مع أن كثيراً من العلماء كانوا مطلعين على السجلات القديمة عن عشبة الشيح، وتطبيقها على أيدي الأطباء الشعبيين، وكثيرون غيرهم جرَّبوا على الفلفل، ونبات "دتشروا" (Dichroa) المضاد للحمى، وحتى على العلاج بالإبرة. فقط، تو يو يو، هي التي واصلت بحثها في عشبة الشيح، ونهائيا، واكتشفت بشكل نهائي مادةَ "الأرتيمسنين".

وبالتالي، أريد أن أعرّف برأي كارل بوبر، أحد كبار فلاسفة العلوم في القرن العشرين في الاكتشاف العلمي. اقترح بوبر في كتابه "في منطق الاكتشاف العلمي" رأياً يختلف عن "التجريبية" و "العقلانية"، ثم وضع نظريته: "التزييفية". يعتقد بوبر أن الاكتشاف العلمي، لم يتطور إلى القوانين، والنظريات عن طريق المنهج الاستقرائي بعد جمع الكم الهائل للملاحظات، أم عن طريق المواد التجريبية، كما بينته نظرية "التجريبية"، وكذلك، لم يستنتج عن طريق المنهج الاستقرائي على أساس الحقائق البديهية، كما بينته نظرية "العقلانية": بدلا من كل ذلك، هذه عملية تابعة لنموذج "التخمين والتفنيد".

ويرى بوبر أن البحث العلمي لم يستخرج من ملاحظات أو حقائق بديهية، بل، من تساؤلات. تنشأ التساؤلات العلمية عن المعرفة العلمية أو النظرية الناقصة. ومن أجل الإجابة عن هذه التساؤلات يقترح العلماء فرضياتٍ عن طريق التخمين. وبالتأكيد، ليست الفرضيات كلها علمية. مبدئيا، الفرضيات العلمية، فقط، هي التي تم التأكد من أنها زائفة (تزييفية) عن طريق التجربة. ثانيا، يؤكد العلماء صحة الفرضيات للكشف عن زيفها، إذا تم التأكد من أنها زائفة، قد يقترح العلماء فرضياتٍ جديدة. وعن طريق التخمين الثابت، والتفنيد المستمر يُطوِّر العلماء تقدُّمَ العلم.

وبمساعدة نموذج بوبر لـ"التخمين والتفنيد" ربما نستطيع أن نفهم المفاتيح الأكثر لاكتشاف "الأرتيمسنين". أكّد الطب الاجتماعي لعلماء الصين الحاجةَ إلى البحث عن شفاء مؤثر. ففي الوقت المناسب، كان دور تو يو يو الاستثنائي في اقتراح واتباع التخمين، الذي تم التحقق من تأثيره فيما بعد. ولـ"مشروع 523" العديد من التوجيهات التحقيقية، كانت السيدة تو يو يو مسؤولة عن ترشيح الأعشاب الطبية الصينية،

وللاهتمام بمسؤوليتها لاختبار الأعشاب المرشَّحة، وملاحظة النتائج النهائية. وكان من المطلوب منها أن تعالج كل نوع من الأعشاب بشكل موضوعي من دون انحياز. ومن ثم، بادئ ذي بدء، شطبت تو يويو عشبة الشيح مثل الفلفل، لأن تأثير مستخلصاتها المبدئية كان أقل من مستوى مقبول ومُرضٍ.

ونظراً لهذا الواقع، وتوافر آلاف الأعشاب الطبية الصينية، يبدو أن اكتشاف "الأرتيمسنين" كأنه لم يكن يحدث. غير أن السيدة تو يويو بدأت تفكر في مرحلة معينة خلال بحثها، ربما جاء تحفيزها على التفكير، من مفهوم الفشل، والمسؤولية، أو الفريضة تجاه منظمتها. ولكن في تلك اللحظة، وصلت السيدة تو يو يو من دون وعي، إلى نقطةٍ لاقتراح "الفرضية" التي هي حالة مألوفة لدى كل العلماء. ربما كان ذلك إيحاءً، وربما كان بداهةً، مجرد كلمات في سجل تاريخي أعطتها فكرةً لهذه الفرضية: "منهج استخلاص درجة الحرارة المنخفضة يمكن أن يستخلص المواد النشطة من عشبة الشيح". وكذلك في تلك اللحظة نفسها، كانت قد حققت قفزة في التفكير الإبداعي.

لقد انعكس دورها النادر في اكتشاف الأرتيمسنين أيضا في محاولاتها عن طريق كل الوسائل للتأكد من صحة هذه الفرضية، وكانت عملية التأكد نوعا ما مختلفة عما أيدته نظرية "التجريبية"، وكان التحقق في هذه القضية مصمما، ليكون أكثر شمولا، ومعقدا، وجزئيا. وليكون متناسبا مع الملاحظة، والرفض، والقبول. هذا هو السبب الذي من أجله كانت، ثمة، عمليات كثيرة للتأكد من عشبة الشيح، على سبيل المثال، تصميم تجربة للتمييز بين الجذور، والساق، والأوراق لعشبة الشيح، وكان لابد من مراعاة موعد الحصاد أيضا. بالإضافة إلى الأثير (المادة السائلة الفيزيائية المنومة)، المذيبات الكثيرة مع نقطة الغليان المنخفضة أيضا مستخدمة: وأصبحت الإجابات المنفية المعاكسة للاحتمال قوةً محفّزةً على البحوث، بدلا من كونها مصدرا لتثبيط همم العلماء.

لقد شهد اكتشاف الأرتيمسنين جولات ومحاولات كثيرة للتأكد من التخمين والفرضيات، فإن عملية معقدة ومتموجة تتطلب إمكانات جماعية كثيرة لترقية تقدمها. وقد أدت المنظمات والمعاهد دوراً مهماً ودائما، مثلا: في تعزيز الانعكاس،

وساعدت الموارد العلمية الحديثة والقديمة أو موارد الطب التقليدي الصيني أيضا في الاكتشاف العلمي، وفي تعزيز تشكيل الفرضية، ولفِرق البحث أيضا دور لتؤديه، ومثلا: في عملية الفحص والتجريب والتقييم، ولكن لايمكن فصل كل عملية جعل اكتشاف أصيل من القوة التوجيهية الصادرة من العالِم، لأنها ليست لصياغة الفرضية وتحقيقها عملية ميكانيكية، بل لها علاقة واضحة بالقدرة الذهنية، وعزم العالِم. وكثير ما يقال: لاتزال الأرض مستديرةً من دون أحد. ويستحيل تخيل تاريخ العلم من دون نيوتن، وداروين، وإينشتاين. وفي رأيي، يتعلق اكتشاف الأرتيمسنين بشكل وثيق بقوة الإرادة، والتفكير في الوقت المناسب. والفرضية العقلانية، والاختبار المفصل للسيدة تو يو يو، هذه العوامل، مشتركة بين العلماء، كأفراد.

بعد الفوز بجائزة نوبل، علقت السيدة تو يو يو قائلة إن الاكتشاف الناجح للأرتيمسنين كان نتيجةَ بحوث جماعية، وأن هذه الجائزة شرف جماعي لجميع علماء الصين. أعتقد أن هذا البيان حتى اللحظة، بيان صائب ومعتدل. وفي عملية اكتشاف الأرتيمسنين، قَدَّمت "البحوث الجماعية" التي نظمها مكتب "مشروع 523" و"التعاون الواسع النطاق" فيما بين كثير من المعاهد، وجهود موحدة لفِرق البحث، مساهماتٍ كبيرةً: فإن ذلك كله يستحق الثناء العام، والمكافأة، غير أن هذه الإنجازات مختلفة، في الطبيعة، عن الإسهامات الأساسية والنادرة للسيدة تو يويو في مجتمعنا. كثير من الناس، عادةً، يقللون ويستخفون بالكفاءات الإبداعية للعلماء، فلذلك، أنا أؤكد أصالتها، والأصالةُ هي الجوهر الرئيسي في البحوث العلمية.

يركز هذا الكتاب على الشخصية الرئيسية التي أسهمت في اكتشاف مادة الأرتيمسنين، واستكشاف عملية الاكتشاف العلمي. ويحاول الكتاب كشف الستار عن المنطق الأساسي، والمميزات الجوهرية للاكتشاف العلمي، لقيادة الزعماء الشباب إلى الإجابة عن السؤال: "لماذا كانت تو يو يو هي التي اكتشفت الأرتيمسنين"؟، وبهذه الطريقة، يُمكِّنهم الفهم الأعمق للمميزات الأصيلة للبحوث العلمية. وهذه المقاربة التجريبية أيضا هي التي تميز الكتاب عن المنشورات المتشابهة الأخرى. وأهم ميزة ملحوظة للسيدة تو يو يو، هي عادة في الاحتفاظ بجميع موارد المجموعة، وكذلك

عملها لحفظ السجلات، في الوقت المناسب، التي سنحت لتاريخ اكتشاف الأرتيمسنين فرصةً لأن يقدَّم بتفاصيله. وفي الحديث عن تسلسل هذه العملية، حاول الكتاب جيدا، أن يستعيد تفاصيل الحوادث المتعلقة بالموضوع، والأنشطة. ولكن يستحيل استيعاب بعض التفاصيل بسهولة، مثل الأنشطة النفسية، ومن ثم، لم تجد التفاصيل بأكملها مكاناً في الكتاب، فحذفت أيضا، التفاصيل غير المهمة أو غير المتعلقة بالموضوع. ولتحقيق الترابط المنطقي للقصة، كانت استشارة الأدب المناسب مفيدةً. وإلى جانب زيادة المعرفة، الهدف المهم للعلم الشائع هو الإرشاد والإلهام.

تشانغ ون هو
مارس 2016.

المحتويات

١

البداية من جائزة نوبل

ليست الجائزة تكريماً لي فحسب، بل تقدير وتشجيع لجميع العلماء في الصين.

بلوغ الخبر بالفوز بجائزة نوبل:

في اليوم الخامس من أكتوبر عام 2015، كان الطقس بارداً بعض الشيء مساء الخريف.

"في الساعة الخامسة والنصف مساءً بتوقيت بكين، أُعلِن عن جائزة نوبل لعام 2015 في علم وظائف الأعضاء/ الطب، والعالمة الصينية المعروفة تو يو يو (Tu Youyou) هي التي كرِّمت بالجائزة في الطب لاكتشافها مادة الأرتيمسنين العشبية (Artemisinin) كدواء لعلاج الملاريا، التي مكنت أول مواطنة صينية من الفوز بجائزة نوبل في الطب....."

كانت كاميرات التلفزيون مكبِّرة تقرِّب ملامح الوجه الذابلة لتو يو يو، وكان شعرها الرمادي المجعَّد، ونظرتها الثابتة، وتجاعيد جبينها العميقة تعبيراً عن

شموخها. كانت تو يو يو تُجري بحوثاً في مادة الأرتيمسنين عن طريق الجمع بين الطب التقليدي الصيني والأدوية الجديدة منذ عقود من الزمن، وذلك أدى إلى اكتشاف هذه المادة، التي هي عبارة عن دواءٍ جديدٍ مع تأثيرٍ شفائي ضد الملاريا، أنقذ أرواح الملايين من البشر.

مِهرَجان الجائزة:

في الساعة الحادية عشرة والنصف ليلا بتوقيت بكين، في اليوم العاشر من ديسمبر 2015، أقيمت مراسم تكريم جائزة نوبل في قاعة ستوكهولم الموسيقية بالسويد. حضر عشرة من الفائزين بجائزة نوبل في: الأدب، والفيزياء، والكيمياء، وعلم وظائف الأعضاء/ الطب، وعلوم الاقتصاد مراسمَ التكريم من أنحاء العالم: وكانت العالمة الصينية تو يو يو أكبرهم في السن.

ووقت استلام الجائزة، كانت تو يو يو مرتدية ملبساً أرجوانياً، تقدمت إلى المنصة، وتلقت الميدالية، وشهادة جائزة نوبل من كارل الستاشر جوستاف، ملك السويد. كانت هذه لحظات تاريخية للعالم، وبوجه مخصوص للصين، وكانت هذه هي المرة الأولى التي تكرم فيها الصين بجائزة نوبل في العلوم.

هدية من الطب التقليدي الصيني إلى العالم:

في مساء اليوم السابع من ديسمبر، ألقت تو يو يو خطاباً رائعا بعنوان "الأرتيمسنين: هدية من الطب التقليدي الصيني إلى العالَم" في معهد كارو لينسكا بالسويد، وخلال خطابها الذي استغرق ستا وعشرين دقيقة، جثا مضيف الكلمة الرئيسية لجائزة نوبل، وأستاذ مباحث الأمراض الوبائية (الطاعون) في معهد كارو لينسكا، الأستاذ جان اندرسون على إحدى ركبتيه ليلتقط الميكروفون للسيدة تو يو يو، البالغة خمسا وثمانين سنة من عمرها:

ليست الجائزة تكريما لي فحسب، بل تقدير وتشجيع لجميع علماء الصين.

أريد أن أعبر عن امتناني من جديد إلى زملائي الباحثين في "مشروع 523" بأكاديمية الطب التقليدي الصيني لإخلاصهم النشيط، ومساهماتهم البارزة تجاه الاكتشاف، والتطبيقات اللاحقة لمادة الأرتيمسنين. وأود أن أتقدم بشكري إلى وحدات "مشروع 523" بما فيها معهد شانغدونغ للطب الصيني، ومعهد يوننان للموارد الطبية، ومعهد الفيزياء الحيوية لأكاديمية العلوم الصينية، ومعهد شانغهاي للكيمياء العضوية لأكاديمية العلوم الصينية، وجامعة قوانغنشو للطب الصيني، وأكاديمية المعسكر لعلوم الطب على مساعداتها الكاملة. وأيضا أود أن أهنئ، بكل إخلاص، جميعَ زملائي على إنجازاتهم العالية، وخدماتهم المخلصة تجاه مرضى الملاريا. كما وأبدي احترامي المخلص للمساعي المتواصلة لمكتب "مشروع 523" الوطني، على إقامة مشاريع الأدوية المضادة للملاريا. لم يكن في وسعنا أن نقدّم الأرتيمسنين إلى العالم في مدة قصيرة كهذه من دون الروح التعاونية المخلصة هذه.

"الطب التقليدي الصيني ثروة عظيمة لجميع ممارسي الطب ليتلقوها ويستكشفوها، وينبغي لنا أن نرقيها إلى مستوى أرفع". الأرتيمسنين دواء مؤثر، تم اكتشافه من هذه الثروة عن طريق بحوث، أُجرِيت في اكتشاف مادة الأرتيمسنين. وهي التي ترشدنا إلى نقاط قوة في الطب: الغربي والصيني كليهما، إذا تكاملت هذه القوة جيدا، ثمة إمكانيات كبرى للصحة. توفر لنا الطبيعة عدداً كبيراً من الموارد النباتية التي يتمكن بها الباحثون الطبيون من تطوير أدوية غير مألوفة. لقد تراكم الطب التقليدي الصيني بتجربة سريرية جوهرية في تطوره على مدار آلاف السنين منذ قصة "شين نونغ يذوق مئات الأعشاب" وكذلك لخص واختصر القيم الطبية للموارد الطبيعية، وعن طريق التوريث والتطوير والاستكشاف والتحسين، فنحن نستطيع اكتشاف أدوية جديدة نافعة للبشرية".

٢

الطموح في سن الشباب

كما يقول المثل الصيني القديم: "سوء الطالع قد يكون البركةَ الحقيقيةَ"، نجت تو يو يو في شبابها من الموت بشق النفس من مرض السل الرئوي، ورفعتها تجربتها هذه لكي تصبح راغبة في الطب. وبذور الشغف هذه، الراسخة في أعماق قلبها، باتت مصدر قوتها، وإيمانها الخالد. وبعدئذ، ركزت تو يو يو بعزم أكيد على أن تستوعب المعرفة الزائدة عن الطب.

مرض خطير:

في عام 1946، أُرغمت تو يو يو وهي في السادسة عشرة من عمرها على قطع دراستها بسبب إصابتها بمرض السل الرئوي، نوع من الأمراض المعدية المزمنة، التي كان من المستحيل علاجها في تلك الوقت.

على الرغم من الوضع السياسي المتوتر، والظروف العائلية الصعبة، لم ييأس والداها، ولم يدخرا وسعا في علاجها. هي لا تزال تذكر ما سألت أثناء مشاهدتها البخار المتصاعد من الفنجان، الذي قدمته أمها ياو تشونغ تشيان: "أمي، أ أنا ذاهبة لموت"

"لا تكوني حمقاء، ستبرئين قريبا، وهناك عديد من الأَشياء التي سوف تحققينها أنت!"

والدا تو يو يو: ياو تشونغ تشيان، وتو ليان قوي

"سأبرأ قريبا وأتمتع بالصحة!"، بالصدفة، انحلت المشكلة. بفضل إرادتها القوية للبقاء على قيد الحياة، إضافة إلى العناية التامة من والدَيها، لقد برئت من المرض بعد سنتين من العلاج بالطب الصيني.

أصول اسم تو يو يو:

سكنت عائلة تو في منزل رقم 508 في شارع كايمينغ، مدينة نينغبو، مقاطعة تشجيانغ في الصين. وفي اليوم الثلاثين من ديسمبر 1930، استقبلت عائلة تو ابنةً بعد ثلاثة بنين.

سمى الوالد تو طفلته المولودة "يو يو" متبعا تقليد "لتسمية البنت بـ((كتاب الأغـاني))، وتسمية الابن بـ((أغاني تشو)). كان اسمها يأتي من ((كتاب الأغـاني)). واقتبس منه تساو تساو في أغنيته القصيرة المعروفة أيضا، ومعنى "يو يو" هو "نداء الغزلان". فتسمية البنت بـ"نداء الغزلان" رمز للحيوية والجراءة والتفاءل. علاوة على آمال تو ليان قوي، لم تمتلك ابنته المميزاتِ الواعدة فحسب، بل أصبحت عالمة كبيرة. وفي الحقيقة، الأناشيد من ((كتاب الأغاني)) "يأكل قطعان من الغزلان أعشاب الشيح في الحقول مع أصوات حلوة، عندي ضيوف كرام يتمتعون بالأخلاقية السامية والرائعة. ويبدو أنها كانت تتكهن بربط العلاقة بين الأرتيمسنين وتو يو يو بعد أكثر من ألفي عام.

اضطراب ومرض:

أمضت تو يو يو طفولتها في فترة اضطراب، عانت الصين من الحروب، وعاش الشعب الصيني حياة يائسة. كانت مدينة نينغبو موقعا إستراتيجيا في الصين، فأرادت اليابان احتلالها. ولما سقطت المدينة بأيدي اليابانيين، لم يستطع معظم السكان بما فيهم عائلة تو أن يعيشوا حياةً عاديةً. ووقتئذ، أُرغمت هذه العائلة المتكونة من ستة أفراد على حياة فقيرة طوال زمن الحرب.

وفي عام 1941، غادرت تو يو يو مع والدَيها إلى منزل جدها للأم، منزل رقم 26، شارع كايمينغ، وسكنت في المنزل الذي بناه جدها ياو يونغ باي حتى عام 1951، وقت التحاقها بالجامعة.

بغض النظر عن الوضع السياسي المتوتر، والظروف العائلية الصعبة، أدرك والدا تو يو يو أهمية الدراسة، مستخفَّينِ بالمثل العدائي: "البراءة فضيلة المرأة". فلما بلغت تو يو يو الخامسة من عمرها، أرسلها والداها إلى المدرسة لاستهلال دراستها، وبعدما أكملت الروضة في السادسة من عمرها، دخلت مدرسة تشونغده الابتدائية الخاصة في نينغبو للمرحلة الأولى، وبعد خمسة أعوام، التحقت بمدرسة ماوشي الابتدائية الخاصة

في نينغبو للمرحلة الثانية. وفي الثالثة عشرة من عمرها، ذهبت إلى مدرسة تشيتشن الإعدادية الخاصة في بينغبو. ثم إلى مدرسة يونغجيانغ الإعدادية الخاصة للبنات في الخامسة عشرة من عمرها. ولكن دراستها انقطعت بسبب مرض السل الرئوي في السادسة عشرة من عمرها، والذي تسبب في قلق شديد لعائلتها.

تو يو يو في طفولتها

بداية الأحلام:

بعدما برئت من المرض، التحقت بمدرسة شياوشي الثانوية الخاصة في فبراير عام 1948.

مدرسة شياوشي الثانوية الخاصة التي أسسها الفيزيائي، خه يو جي ويه بينغ ليانغ وتشن شون تشنغ وتشيان باو هانغ بدعم من كفيل محلي لي جينغ دي في فبراير 1912. كانت مدرسةً معروفةً وقتذاك، ومهمة المدرسة هي "تطبيق التعليم مع القوة الخاصة لتمهيد طريقٍ لحكم الشعب"، علّمت عددا كبيرا من الطلاب الذين نالوا الاحترام

والإعجاب على مستوى أعلى. وفي عام 1917، تم توقيع اتفاقيات مع جامعة فودان، وجامعة سانت جون، الجامعتين الراقيتين في شانهغاي، وسمحت هذه الاتفاقيات لخريجي مدرسة شياوشي الثانوية بأن يلتحقوا بالجامعتين من دون اختبارات أخرى.

هدف مدرسة شياوشي الثانوية: كن مخلصاً، وصادقاً، ومجدًّا، ومبجلا
(رسام: تشانغ لين هاو)

كما يقول المثل الصيني القديم: "سوء الطالع قد يكون البركةَ الحقيقيةَ"، نجت تو يو يو في شبابها من الموت بشق النفس من مرض السل الرئوي، ورفعت تجربتها هذه إلى أن تصبح راغبةً جداً في الطب، وبذور الشغف هذه، الراسخة في أعماق قلبها، باتت مصدر قوتها، وإيمانها الخالد. وبعدئذ، ركزت تو يو يو بعزم أكيد على أن تستوعب المعرفة الزائدة في الطب.

كانت في عيون زملائها في الصف بسيطة وهادئة، مقارنةً مع زميلاتها الأخريات، اللاتي نلن الشهرة في المدرسة لمشاركاتهن في العروض المسرحية، لم تكن تو يو يو متفوقة. ولطالما، يُلاحَظ، أنها دارسة بصمت، متمسكةً بإحدى زوايا حجرة الدرس.

كما ذكر تشن شاو تشونغ، زميلها في الصف بالمدرسة الثانوية، والأستاذ بجامعة تشينغهوا، أن تو يو يو دائما كانت تجتهد في دراستها بصمت، مع بساطتها ووضوحها في الزي، وتعود بعد المدرسة مباشرةً إلى منزلها. وباختصار، كانت تو يو فتاة بسيطة. وليس من المؤكد حينذاك، أنها تخيلت أن لي تينغ تشاو، زميلها في الصف بالمدرسة الثانوية سوف يكون زوجها".

ولم تكن نتائج تو يو يو في المدرسة متميزة. مع ذلك، ظلت نتائجها ظلت بالمستوى المتوسط في الصف. ووفقا للمعلومات المحفوظة في أرشيف نينغبو، معدّل درجات تو يو يو، هوية الطالبة رقمA342 ، في اللغة الصينية والرياضية والبيولوجيا والكيمياء: 71.25، 71.5، 80.5، 67.5 على الترتيب، حيث المعدل الأعلى للدرجات هو في البيولوجيا.

قد تعتبر هذه الدرجات، درجات متوسطة جدا بالنسبة إلى من يفوز بجائزة نوبل. ومع ذلك، على الرغم من أنها كانت في أيامها المدرسية نوعا ما عادية، إلا أنها أثبتت بوضوح حماسها وشغفها بالمعرفة: الخصائص الدقيقة المشتركة لعديد من العلماء.

وفي مارس 1950، انتقلت تو يو يو إلى مدرسة نينغبو الثانوية العامة، التي دفعتها إليها مساعيها وراء تحقيق الأحلام، وعطشها الزايد للمعرفة، وشغفها البالغ بعلم الطب. أكملت تو يو يو حياتها في المدرسة الثانوية العامة، ووقتئذ، لم يكن أحد يتوقع أن هذه الفتاة المتواضعة ستلتحق بجامعة بكين بالنتائج الممتازة، ولم يكن أحد يخمن أنها ستختار كلية طب غير معروفة نسبيا. وبكل تأكيد، لم يتخيل أحد أنها ستفوز بجائزة نوبل بعد خمسة وخمسين عاما.

بيت طفولتها – بيت ياو– يسمى الآن "بيت تو يو يو السابق"، ونُشرت أعمالُها على نطاق واسع، ووسائل الإعلام عامرة بصورها، ولكل ذلك مصدرٌ واحدٍ وهو: "بذور الأحلام النقية والغالية التي كانت دفنتها في أعماق قلبها في أيام طفولتها".

٣

الدراسة في جامعة بكين

بينما كان زملاؤها الدارسون يتمتعون بالحياة الجامعية. كانت تو يو يو دائما توجد في حجرة الدرس، تتلقى المعرفة بانتباه. ولم يكن الحرم الجامعي في نظرها مكاناً لضياع شبابها. وفي الحقيقة، كانت العقاقيرُ عالمها كله. وكل خطوة تقدمت بها هذه الفتاة المراهقة في طريق تحقيق أحلامها، كانت تشير إلى صمودها الكبير وحزمها الثابت.

الالتحاق بجامعة بكين:

في صيف عام 1951، مع تأسيس الصين الجديدة، كانت أشياء كثيرة تنتظر إكمالها، وتحتاج إلى المهنيين في جميع المجالات. وكان خريجو المدارس الثانوية يستطيعون اختيار تخصصاتهم بإرادتهم. ومن غير المتوقع، اختارت تو يو يو التي لم تكن لها خلفية الطب وتجربته، الطبَّ في طلبها للالتحاق بالجامعة.

وفي أواخر الصيف، تلقت تو يو يو رسالة قبول للالتحاق من قبل كلية الطب بجامعة بكين، وأصبحت واحدة من أول دفعة للبنات بالجامعة في الصين. نحن

نستطيع أن نتخيل كم كانت هذه الفتاة البالغة الحادية والعشرين من عمرها سعيدة وواثقة بنفسها.

أكملت جامعة بكين حينذاك إعادة بناء ساحات الكليات والأقسام، وانتقلت إلى موقع جامعة يانجينغ السابقة، فتجمَّع عدد كبير من العلماء من كل أنحاء البلاد في جامعة بكين. وتظل جامعة بكين من أفضل الجامعتين في الصين من تلك الوقت حتى الآن.

كانت كلية الطب لجامعة بكين تابعة لمدرسة الطب للجامعة نفسها، التي كانت تقع في منطقة شيتشنغ في بكين.

تو يو يو في ميدان تيان آن مون خلال أيامها الجامعية في جامعة بكين.

اختيار العقاقير:

وبعد التسجيل، تم توزيع تو يو يو إلى الفصل الثامن من الطب مع أكثر من سبعين زميلا في الصف، درسوا معاً لثلاث سنوات، ثم اختاروا تخصصاتهم في السنة الرابعة، وكانت هناك ثلاثة تخصصات أساسية وقتذاك: الاختبار الطبي والكيمياء الطبية

والعقاقير. فاختارت تو يو يو العقاقير مع أحد عشر زميلا آخرين، بينما كان الاختيار الأكثر شيوعا الكيمياء الطبية.

والعقاقير، باختصار، عبارة عن تخصص في تبويب شتى الأدوية الطبيعية وتحديدها، معنى ذلك أن الطلاب المتخصصين في هذا المجال يستطيعون إجراء بحوث في الأدوية بعد التخرج، فاختيار تو يو يو يناسب شخصيتها الهادئة.

كانت العقاقير وقتذاك تخصصا ناشئا وحديثا، وكل ما رأته تو يو يو كان جديداً بالنسبة إليها. معدات المختبر ومباني السكن القديمة والتسهيلات الحديثة الأخرى والمادة الكيميائية المتغيرة في أنابيب الاختبار باستمرار، والخلايا النشطة تحت المجهر، والبكتيرياء المتحركة في الأطباق البيطارية، كل ذلك كان مثيرا بالنسبة إليها. وفي البيئة الأكاديمية القوية التقليدية لحرم الجامعة، باشرت تو يو يو رحلتها الدراسية المهمة من حياتها.

باتت تو يو يو في الجامعة متواضعةً ومُجِدّةً، كما كانت في المدرسة الثانوية. خيل لنا كأنها ولدت للانشغال في البحوث الأكاديمية. آثرت هذه الفتاة الهادئة أن تواصل العزلة في شبابها، ونادرا ما، كانت تتواجد في أماكن التسلية والمتعة. غير أنها، عادةً، تمضي وقتها في إحدى زوايا المكتبة قارئةً ومفكرةً. بينما كان زملاؤها الدارسون يتمتعون بالحياة الجامعية، كانت تو يو يو دائما توجد في حجرة الدرس، تتلقى المعرفة بانتباه. ولم يكن الحرم الجامعي في نظرها مكاناً لإضاعة شبابها. وفي الحقيقة، كانت العقاقير عالمها كله، وكل خطوة تقدمت بها هذه الفتاة المراهقة في طريق تحقيق أحلامها كانت تشير إلى صمودها الكبير وحزمها الثابت.

الأستاذ الأسطوري لو تشي تسن:

الأستاذ الأسطوري لو تشي تسن، هو الذي أنشأ تخصص العقاقير في جامعة بكين، كانت تجربته التعليمية قصةً ملهمةً، دفعت الكثير من المتخصصين في العقاقير للتقدم إلى الأمام على هذا الطريق بكل جرأة.

ولد لو تشي تسن في محافظة آنجي في مقاطعة تشجيانغ في اليوم الثامن والعشرين من يناير عام 1920. ولما بلغ الخامسة والعشرين من عمره، ذهب للدراسة إلى مدرسة الصيدلية بجامعة لندن. وفي سبتمبر عام 1940، حصل على نتائج متفوقةً، وحصل على درجة البكالوريوس بعد سنتين. وبسبب منحته الدراسية كانت على وشك الانتهاء في العام التالي، فواجه احتمالية انقطاع دراسته.

ولحسن الحظ، لم يمر عليه بعد ذلك وقت طويل حتى ظهر له متبرع. وبإنجازاته البارزة، وحماسه في الأعمال البحثية، لفت انتباه فائربائرن، أستاذ العقاقير بجامعة لندن. لم تكن توظف جامعة لندن غير بريطاني باحثاً مساعداً قبل ذلك قط. ولكن عن طريق جهود استرضائية غير مملة للأستاذ فائربائرن، تم وضع سابقةٍ جديدةٍ، وعُيِّن فيها لو تشي تسن باحثاً مساعداً للعقاقير بجامعة لندن مع مواصلة عمله لدرجة الدكتوراة. وبالتالي، يعود الشكر إلى تعاون الأستاذ فائربائرن أن لو تشي تسن الذي استطاع متابعة إقامته ودراسته في الجامعة.

وعن طريق تشجيعٍ كهذا، عكف لو تشي تسن على البحث والدراسة، حتى أكمل أطروحته للدكتوراة في عام 1950، إضافةً إلى ست أوراقٍ بحثيةٍ. وأهم من ذلك، أنه أنجز سلسلةً من الأبحاث بتشجيع ورعاية الأستاذ فائربائرن. وخلال تلك الفترة، أنشأ منهجاً أحيائياً جديداً للمسهلات النباتية، تم نشره في عام 1949، في مجلة أكاديمية متخصصة في المجال. وفتح منهجُه باباً لنقاشٍ حادٍّ فيما بين الباحثين من الدول المختلفة. ومن ثم، أخذ هؤلاء الباحثون يستخدمون هذا المنهج على نحو واسع لبحوثهم الخاصة، وأصبح هذا المنهج معروفاً باسم: "منهج لو" في مجال العقاقير. يتسنى له قياس المكونات وفصلها في الموارد الطبية على نحو فعال ودقيق بتكنولوجيا فعالةٍ ومتقدمةٍ تُحسِّن استقرار القياس ودقته.

أدركت الأكاديمية والصناعة البريطانية موهبةَ لو تشي تسن. ولم يكن يريد الأستاذ فائربائرن أن يخسر هذه الموهبة، فتوسل إلى لو أن يبقى في بريطانيا لإنجاز

الأعمال البحثية الأخرى معه. وبعد أيام، تلقى لو أيضا رسالة دعوة من مصنع إفانس للصيدلية بالأكاديمية الصينية للهندسة. غير أنه رفض الظروف المميزة واختار العودة إلى الصين مثل عالمين آخرين بحبه للوطن، وسافر وحده بسفينة إلى هونغ كونغ في يناير عام 1951.

وبعد وقت طويل من السفر من هونغ كونغ إلى شانغهاي، دعا سون تسونغ بنغ، رئيس قسم العقاقير لكلية العلوم في جامعة تشجيانغ، لو تشي تسن إلى مواصلة البحث. تحدث سون تسونغ بنغ أحوال الصين الجديدة، وبعد الحديث، أصبح لو تشي تسن أستاذ مساعد في قسم العقاقير لكلية العلوم في جامعة تشجيانغ، وعلم العقاقير للخريجين. وفي خريف هذا ىالعام، انتقل لو تشي تسن إلى بكين لتأسيس مكتب التعليم والبحث للعقاقير.

وبعد عدة سنوات، أصبح لو تشي تسن الزعيم الأكاديمي للتخصص الوطني للعقاقير، ولا شكل أنه من أحد مؤسسي العقاقير في الصين.

المعلم لين تشي شو:

أما مادة مهمة أخرى- كيمياء العقاقير- فتأسست على يد لين تشي شو، الذي بعدما أكمل الدراسة في الولايات المتحدة عاد إلى الصين. درس لين تشي شو علم العقاقير في كلية الطب بجامعة ميريلاند في يونيو 1949. وكباحث انشغل بالبحث التركيبي في المخدرات. وعاد إلى الصين في مارس 1950، وعمل أستاذا مساعدا في كلية الطب بمدرسة الطب التابع لجامعة بكين.

وفي ذكرى تو يو يو، شرح لين المعرفة المشوِّقة عن الكيمياء الطبية، وكيمياء العقاقير دائما بلغة بسيطة وفكِهة، استفاد جميع منه الطلاب على نطاق واسع. ولا تزال تو يو يو تذكر عمليته لفصل المكونات العشبية عن طريق عملية الكروماتوغرافيا.

كانت دراسة العقاقير وكيمياء العقاقير تقدم مساهمات كبيرة لتو يو يو في عملها المستقبلي في البحوث الدوائية، وتوفر لها العقلية الصحيحة والتوجيه والمناهج في عملية اكتشاف مادة الأرتيمسنين. وبعد سنوات، قالت تو يو يو في ذكرياتها إن التخصص في العقاقير كان من أهم الاختيارات التي اتخذتها.

٤

تحديد الهدف باتجاه الطب

بعد سنوات، عبرت لي جيون، الابنة الصغيرة لتو يو يو عن مشاعرها وحيرتها المحيطة بها في مقابلة صحفية: "كانا غريبين بالنسبة إلي وقتذاك، ولم يكن للأب والأم معنىً خاص عندي. ولم أستطع أن أفهم كيف استطاعا أن يتركا عائلتهما حتى أولادهما من أجل البحوث العلمية". أما تو يو يو فقالت: "إذا كان هناك خلاف بين الحياة والمهنة، نحن، دائماً، نفضِّل المهنة، ونكمل العمل أولاً".

بداية العمل:

في عام 1955، بعدما أكملت تو يو يو البكالوريا، عينت في العمل بمعهد المواد الطبية الصينية، بأكاديمية علوم الطب الصيني في وزارة الصحة. وعلى الرغم من أن البيئة هناك لم تكن مثل البيئة الجميلة في جامعة بكين، غير أن الجو السائد أكاديميا. وكان هذا المعهد البحثي الأكاديمي ملاذاً للحلم الحقيقي.

كانت هذه السنة حاسمةً لتو يو يو، ولأكاديمية علوم الطب الصيني أيضا. تم

تعزيز أكاديمية علوم الطب الصيني المتطورة بسرعة في الوقت المناسب لتأصيل جذور الأكاديمية وتطوير المواد الطبية الصينية، واختارت الحكومة المركزية عدداً من كبار الأطباء المعروفين للطب التقليدي الصيني لتكوين "فريق وطني" للبحث الطبي الصيني. وذلك أصبح أول مفتاح لتو يو يو، التي بدأت للتوّ البحث في العقاقير، لفتح باب الكنوز للطب التقليدي الصيني،

تو يو يو في وظيفتها الأولى

وفي عـام 1956، اندلع البقيري (البلهارسيا) (Schistosomiasis) في كثير من المناطق في الصين. وأجرت تو يو يو بحثاً عقّارياً مفصلا في اللوبيليا الصيني(Lobelia) مع الأستاذ لو تشي تسن، وحققت نجاحاً لا بأس به في تحديد أنواع اللوبيليا الصيني مع أفضل تأثير مضاد للبقيري.

وقبل أيـام كثيرة، كانت تو يو يو قد أكملت بحثاً عقّارياً في جذور الأعشاب المائية، ذات الأوراق النجمية المتوافرة في أنواع معقدة، مستوحاةً من البحث في اللوبيليا الصيني. أثارت بحوثها في اللوبيليا، وجذور الأعشاب المائية ذات الأشكال النجمية ضجةً في الأوساط الصيدلانية وقتذاك. تم ضم تلك البحوث بأشكال متتالية

إلى كتاب: "الأعشاب الطبية الصينية" الذي يعالج أعشاب الصين الطبية مخلوطة من إنجازات علم العقاقير. ومن أجل أدائها البارز في العمل، أشادت بها وزارة الصحة بمنحها لقب "الناشطة الاشتراكية المعمارية"، وذلك في عام 1958.

تو يو يو في عام 1957

المشاركة في ورشات أعمال تدريب الطب التقليدي الصيني للأطباء الغرب:

في عام 1958، أشار الرئيس الصيني ماو تسي دونغ في خطابه إلى أن "الطب الصيني وعلم العقاقير كنزان عظيمان، لا بد من بذل جهود كبيرة لاستكشافهما ورفعهما إلى المستوى الأعلى". فنالت المناشدة هذه استجاباتٍ إيجابيةً من الجماهير، فأخذ الأطباء الغربيون يشاركون في ورشات عمل تدريب الطب التقليدي الصيني المنعقدة للأطباء الغربيين، إضافة إلى أعمالهم الخاصة في الطب التقليدي الغربي. وبالتالي، أمر الرئيس ماو بأن "هذا أمر مهم، لا ينبغي إهمالها بل عليكم المشاركة

فيها بكل نشاط". كما نُفِّذت تدريبات مشابهة على نحو واسع، حتى أصبحت ممارسةً مشتركةً، وكذلك صار تلقي الطب الصيني من الطب الغربي اتجاهاً شائعاً.

ووفقا للبيانات التاريخية، نُظِّمت في تلك السنوات حوالي ثلاثين ورشة عمل في كل أنحاء البلاد. وتم تدريب أكثر من ألفي طبيب غربي. وفي الوقت نفسه، شارك أكثر من ستة وثلاثين ألف شخص من الموظفين في هذا التدريب. وكذلك أقامت كليات الطب والصيدلية دوراتٍ متنوعة في الطب التقليدي الصيني. وهكذا، دخلت البحوث الطبية التقليدية الصينية عهداً جديداً في الصين الجديدة بعد ما عانت من الإهمال الكبير في السابق. واقتربت تو يو يو كواحدةٍ من المشاركين بكل حذر وثبات إلى إلهام الكنز، الذي كان يخفي أعلى أسرار الطب التقليدي الصيني.

وخلال الفترة ما بين عام 1959 وعام 1962، تحملت تو يو يو مسؤولية المرحلة الثالثة لـ"ورشة عمل تدريب الطب التقليدي الصيني خارج العمل للأطباء الغرب" التي نظمتها أكاديمية علوم الطب الصيني في وزارة الصحة. ولقد وضع هذا البرنامج لمدة سنتين ونصف سنةٍ أساَسا متيناً للمشاركات المستقبلية في البحث الطبي الصيني.

لم تمكث تو يو يو الفتية في المختبر، بل جابت العالم لتلقي المعرفة العملية، لأن "المعركة الحقيقية هي التي تُدرّب الجندي على الحرب الأصلية". فطبقا لتخصصها نفسها، ذهبت إلى الشركات الطبية لتعلم فن تحديد وتحويل الأعشاب على أيدي ممارسي علم العقاقير المحنَّكين. فنقل هؤلاء الخبراء الحاملون تجارب العديد من السنين و"قوة التطبيق" التي لم تستطع تو يو يو الحصول عليها من الكتب، معرفتَهم إليها، وشاركوها قصصهم المشوِّقة، إضافة إلى وصفاتهم الشعبية الخارقة للعادة، التي لا تزال بسيطة فيما يبدو، مقارنةً مع الطب الغربي على أساس المعايير والانتظام، هناك الكثير ما هو غير معياري وغير منتظم في الطب التقليدي الصيني. ولكن، أحياناً، هذه هي التجربة العملية المكتنزة وحكمة الصينين التي أنقذت نفوسا لا تحصى منذ آلاف السنين. دونت تو يو يو، ونظمت، وفكرت بكل عناية في ضوء كل هذه الخبرات، مثل شجرة الصبار ذات الجذور النامية في الصحراء بحثا عن المياه لتشربها، ثم احتفظت بذكرياتها في قلبها.

وخلال ذلك شاركت أيضا في تلخيص خبرات عملية الطب العشبي الصيني في بكين. وبعدما رجع إلى البحث النظري، صار لديها فهم أعمق للأصالة والجودة، إضافة إلى الاطلاع على التكنولوجيا العملية للأعشاب الطبية. ثم شاركت في دراسة عملية الطب العشبي الصيني، التي أدارتها وزارة الصحة، وأصبحت واحدة من المؤلفين الرئيسيين لكتاب "التجربة والتكامل لعملية معالجة الطب الأعشابي الصيني".

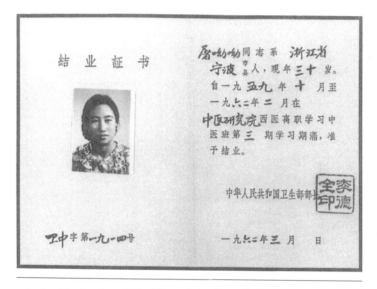

結业証书

屠呦呦同志系浙江省
宁波市县人，現年三十岁。
自一九五九年十月至
一九六二年二月在
中医研究院西医离职学习中
医班第三期学习期滿，准
予結业。

中华人民共和国卫生部部长 李德全印

卫中字第一九一四号

一九六二年三月　日

شهادة إنجاز المرحلة الثالثة لورشة عمل تدريب الطب التقليدي الصيني خارج العمل للأطباء الغربيين.

التضحية بالعائلة من أجل العمل:

في عام 1963 تزوجت تو يو يو زميلَها في المدرسة الثانوية لي تينغ تشاو. وكان نادراً، تماما، لفتاة في الصين وقتذاك، أن تتزوج في الثالثة والثلاثين من عمرها، ولكن تو يو يو هي من عاشت لعملها فقط. ولكونها تشبه بنيوتن الذي اهتم بعلم الفيزياء فقط، لم تكن تو يو يو جيدة في الاعتناء بنفسها، ولا بأمور منزلها. غير أن زوجها

لي تينغ تشاو كان يعرفها جيدا، متفاهما ومسانداً، فهو الذي اعتنى بجميع الأمور المنزلية.

تو يو يو في عام 1962

صورة زواج لتو يو يو ولي تينغ تشاو

ولدت ابنتها الكبرى لي مين في مايو 1965 في بكين، ولكنها أُرسلت إلى مركز رعاية الأطفال في الرابعة من عمرها، بسبب إرسال تو يو يو إلى هاينان لإجراء البحوث. أما ابنتها الصغرى لي جيون فولدت في سبتمبر 1968، التي أُرسلت إلى ننيغبو منذ ولادتها، فاعتنى بها جدها تو ليان قوي، وجدتها ياو تشونغ تشيان. أحدث الفراق الطويل بين الأبوين والطفلتين فراغا هائلا، ولما استطاعت تو يو يو وزوجها استعادة العناية بلي جيون، رفضت هذه الطفلة الصغيرة أن تعود إليهما. وبعد سنوات، عبرت لي جيون، الابنة الصغيرة لتو يو يو عن مشاعرها وحيرتها المحيطة بها في مقابلة صحفية: "كانا غريبين بالنسبة إلي وقتذاك، ولم يكن للأب والأم معنىً خاص عندي. ولم أستطع أن أفهم كيف استطاعا أن يتركا عائلتهما حتى أولادهما من أجل البحوث العلمية". وأما تو يو يو فقالت: "إذا كان هناك خلاف بين الحياة والمهنة، نحن، دائماً، نفضِّل المهنة، ونكمل العمل أولاً".

تو يو يو وابنتها الكبرى لي مين في صيف 1965

قد يكون من الصعب أن نفهم لماذا جعلا تلك الخيارات في ذلك الحين، ولكن لأبناء
ذلك الجيل، كانت مصائرهم متشابكة مع الأوقات، وكان كل ما كانوا يؤمنون به هو
الوطن، والمجتمع، والتضحية.

(صورة عائلية: لي جيون (الأيسر) ولي مين (الأيمن) 1996)

لي مين مع جدها وجدتها في 1974

كانت أكاديمية علوم الطب الصيني مجهزة تجهيزا سيئا، وكانت ظروف العمل أقل من المستوى المتوسط. وكانت المشاكل والمصاعب في إجراء البحوث في تلك الظروف غير معقولة. ولكن كما خمن وانغ مان يوان، أحد تلاميذ تو يو يو بعد سنوات عديدة: "إن السيدة تو يو يو، بوجه مخصوص، شخصية قوية العزيمة، ومتواصلة العمل، ومركّزة". وإن تو يو يو دائما شخصية موطّدة العزم، أكملت كل مجموعة من العينات، وأجرت كل تجربة، وكتبت كل ملخَّص تحليلي، ودائما بذلت على الدوام كل غال ونفيس.

بعد الدراسة في مركز علم الصحة بجامعة بكين لأربع سنوات، والمشاركة في ورشة عمل تدريب الطب التقليدي الصيني للأطباء الغربيين، وكذلك الممارسة المستمرة في العمل، أصبحت بذور الأحلام الدفينة في أعماق فؤاد تو يو يو متراكمة بحيوية كافية.

٥

الانخراط في "مشروع 523"

منذ عام 1965، بدأت تو يو يو الانشغالَ ببحوث كيمياء العقاقير، كان ذلك أيضا أحد العوامل التي مكنتها من المشاركة في "مشروع523"، كانت خلفية تو يو يو نوعا ما معضلة في المعنى السياسي: استوطن أحد أعمامها في هونغ كونغ، وسكنت إحدى عماتها في تايوان. ولكن، نظراً إلى شخصيتها البارزة، وبحوثها النظرية، وخبراتها العملية في مجالات الطب التقليدي الصيني والغربي، اختيرت تو يو يو المتدربة البحثية وقتذاك لقيادة فريق البحث المضاد للملاريا. وذلك ما يشير إلى بداية فتح صفحة جديدة في تاريخ المعالجة المضادة للملاريا المؤسسة على مادة الأرتيمسنين.

المختبرات في أكاديمية علوم الطب الصيني اليوم مجهزة تجهيزا جيدا وحديثةٌ في جوانب مختلفة. وكما ذكرت تو يو يو، عندما كانت بدأت العمل بها للمرة الأولى، كان المختبر رثًّا، وكان يبدو أن الباب منعزل في عالمين مختلفين: عالم علماني في الخارج، وعالم عقّاري ممل في الداخل.

وكلما كانت تفتح الباب، تستأصل المعنى الرسمي للطقوس التي وردت في ذهنها وقت عملها في مشروع 523، قبل أكثر من أربعين سنة.

الدعوة من "مشروع 523":

في الحادي والعشرين من يناير 1969، كسرت خطوات مدير"مكتب مشروع 523" باي بينغ تشيو، ومساعد المدير تشانغ جيان فانغ، وتيان شين، صمت المختبر في أكاديمية علوم الطب الصيني. استقبلهم قاو خه نيان، مساعد مدير الأكاديمية، تشانغ قوه تشين، مساعد مدير معهد المواد الطبية الصينية. وبعد التبادل للمجاملات البسيطة وحديث الأطراف، تحول النقاش إلى موضوع جاد ومهم لمكافحة الملاريا. قال باي بينغ تشيو: "تعطي القيادات المركزية البحوثَ في وقاية الملاريا أهميةً كبيرةً". لقد أنجزنا كثيراً في العمل المضاد للملاريا عن طريق الطب التقليدي الصيني، ولكن المشكلة ما زالت قائمة حتى الآن، التجربة لدينا قصيرة، والمناهج قليلة، فنرجو منكم المشاركة في هذه الجهود". تعهد مسؤولو الأكاديمية بأنهم "لا يدخرون وسعاً في المبادرة إلى هذه المهمة"، وقد حددوا قائمة فريق البحث العلمي في أذهانهم.

تم إدماج تو يو يو في هذه القائمة، للاهتمام بالمهمة المضادة للملاريا للصين وحتى للعالم. ولقد انشغلت تو يو يو في بحوث كيمياء العقاقير منذ عام 1965، وذلك أيضا أحد الأسباب التي مكنتها من المشاركة في "مشروع 523". كانت خلفية تو يو يو نوعا ما معضلة في المعنى السياسي: استوطن أحد أعمامها في هونغ كونغ، وسكنت إحدى عماتها في تايوان. ولكن، نظراً إلى شخصيتها البارزة، وبحوثها النظرية، وخبراتها العملية في مجالات الطب التقليدي الصيني والغربي، اختيرت تو يو يو المتدربة البحثية وقتذاك لقيادة فريق البحث المضاد للملاريا. وذلك ما يشير إلى بداية فتح صفحة جديدة في تاريخ المعالجة المضادة للملاريا المؤسسة على مادة الأرتيمسنين.

أصل "مشروع 523":

ما هو هدف "مشروع 523" السري؟ عمّ كانت تو يو يو مسؤولة؟ يبدو أن القصة من حرب فيتنام.

بعد الحرب العالمية الثانية، حققت فيتنام، ولاوس، وكمبوديا الواقعة في جنوب آسيا، الحريةَ على التوالي بعد طرد الاستعماريين والمحاربين عن طريق كفاحٍ مسلَّحٍ وثورةٍ. وفي الثاني من سبتمبر 1945، أعلن هو شي منه، زعيم الحزب الشيوعي الفيتنامي عن تأسيس جمهورية فيتنام الديمقراطية في هانوي. وفي أكتوبر 1955، أسس نغو دينه ديم حكومةً جديدةً في ساي كونغ بحماية الولايات المتحدة بإحداث واقع مضادّ. ولكن حكومة نغو دينه ديم كانت غير مؤاتية لإرادة الشعب، و"لأجل منع تدهور حكومة نغو دينه ديم، بعثت الولايات المتحدة قواتٍ خاصةً باسم "قبعة خضراء" إلى جنوب فيتنام في مايو 1961.

وبالتالي، فوَّجت الولايات المتحدة جيشاً أكبر إلى فيتنام لإشعال الحرب إلى حد أبعد خلال ستينيات القرن العشرين. أصيب الجانبان كلاهما بكمية هائلة من الخسائر، ووفقا للإحصائيات، قتل أكثر من مليوني شخص في الحرب. وأصيبت قوات الجانبين بالملاريا المنِجَلية (Falciparum Malaria) وسط ساحة الحرب، وكما هو مسجل في تقرير موثوق به: "كان معدَّل الخسارة غير القتالية للجيش الأمريكي بسبب الملاريا أعلى من معدَّل الخسارة القتالية بأربعة أو خمسة أضعاف. ووصل معدَّل الحوادث السنوية للملاريا بين الجيش الأمريكي في فيتنام إلى خمسين بالمائة في عام 1965". وكما أفادت البيانات الرسمية، فإنه قد مات في الجيش الأمريكي نحو ثماني مئة ألف شخص بسبب الملاريا في ساحات الحرب بفيتنام، وذلك خلال الفترة ما بين عام 1967 وعام 1970. وقال مدير قسم الطب الوقائي لقيادة القوات المسلحة الأمريكية ذات مرة: إن العدد، في الحقيقة، تجاوز بكثير ما هو مُعلَنٌ رسميا. ولذلك، كانت الملاريا رأس المشكلة الطبية العسكرية للقوات المسلحة الأمريكية في فيتنام. وكذلك، أصيبت قوات فيتنام الشمالية أيضا بالخسائر الناجمة عن الملاريا بعدما دخلت جنوب فيتنام.

وتسبب الموقع الجغرافي المحلي كثيرا في انتشار الملاريا بساحات حرب فيتنام. وفي شبه الجزيرة الصينية الهندية حيث تقع فيتنام، في مناخ استوائي حار، ومطر غزير، إضافة إلى جبالٍ لا تحصى، وغاباتٍ كثيفة، أما البعوض فتتناسل بغض النظر عن الفصول، وذلك كله ما تسبب كثيرا في انتشار وباء الملاريا المِنجَلية على مدار السنة. وعلاوة على ذلك، كان تفشي وباء الملاريا المِنجَلية وقتذاك يحمل مقاومة للأدوية الأصيلة المضادة للملاريا المتضمنة الكلوروكين(Chloroquin) ، والبيريميثامين (Pyrimethamine)، والبروغوانيل(Proguanil) ، والأتابرين(Atabrine) التي استطاعت فقط توفير تأثير علاجي مقبول بصعوبة. ولذلك، أصبح امتلاك دواء فعال، سريع التأثير، غير مقاوم، ومضاد للملاريا أحدَ العوامل المهمة لتحديد نتيجة الحرب.

ولحل هذه المشكلة، أقام الأمريكيون معهداً متخصصاً، وأقاموا عشراتٍ من الوحدات للمشاركة في البحوث المضادة للملاريا المدعومة بتمويل كبير. كما أعدوا عدداً كبيراً من المتخصصين لتنفيذ تتبع طبي ووبائي، وإجراء تجارب في أدوية وقائية في ساحات حرب فيتنام. وكذلك، وظّفوا خبراء الطب للعمل كمستشارين طبيين للوقاية من الملاريا وعلاجها. وبالإضافة إلى ذلك، أجروا بحوثاً في الأدوية الكيميائية الجديدة المضادة للملاريا، وترشيح الأدوية الجديدة المضادة للملاريا، والتجارب السريرية، بالتعاون مع المعاهد البحثية في بريطانيا، وفرنسا، وأستراليا، إلى جانب كبرى شركات علم العقاقير في أوروبا.

طالبت فيتنام من الصين المساعدة. وبناءً على طلب من الحزب الشيوعي الفيتامي، أرشد الرئيس الصيني ماو تسي دونغ، ورئيس مجلس الدولة الصيني تشو ان لاي الأقسامَ ذاتَ الصلة إلى الاهتمام بقضية الملاريا في المناطق الاستوائية، والعناية بعلاج الملاريا، والوقاية منها كمهمة مجهزة حربية لإسعاف البلدان الأجنبية.

أهمية "مشروع 523":

وبعد فوات الأوان، تجاوز تطور "مشروع 523" القصد الأصلي كـ "إسعاف فيتنام".

إضافةً إلى مساعدة الصين في إنجاز الإدارة المنتظمة للوقاية من الملاريا ومراقبتها، شجع أيضا إصدار مخططات كثيرة للوقاية من الملاريا، ومراقبتها، ودرّب كثيراً من التقنيين على الوقاية من الملاريا ومراقبتها. وذلك، كما قال الرئيس ماو: "حل مشكلتك أنت يعني حل مشكلتنا نحن".

وفي عام 1964، اقترح خبراء معهد علم الأحياء المِجهري، وعلم الأوبئة بأكاديمية علوم الطب العسكري، مستفيدين من البيانات البحثية المحددة، وصفةً طبيةً مركبةً تجمع بين البيريميثامين، والدابسون، عرفت بـ"المضادة للملاريا رقم واحد"، وتم استخدامها أصلاً للوقاية في حالات الطوارئ. وبعدئذ في السنة ذاتها، بذل الخبراء أنفسهم جهوداً مستمرةً، وطوروا أدويةً جديدةً عرفت بـ"المضادة للملاريا رقم 2" و"المضادة للملاريا رقم 3" مع دورة وقائية طويلة المدى.

وفي أواخر ستينيات القرن العشرين، كانت الصين في فوضى. فأصيب البحث العلمي، والإنتاج، والثقافة بدمار غير مسبوق، وأصبحت المهمة المضادة للملاريا أيضا عديمة الأهمية، انخفضت من مكانتها المهمة السابقة تماما. ولكن عند نقطة ما، أرشد تشو ان لاي الباحثين إلى تفعيل التعاون على طول البلاد للبحث في الأدوية للوقاية من التهاب السكان المزمن ومعالجته والأمراض القلبية المتعلقة بالشرايين الإكليلية والملاريا عن طريق الجمع بين الطب التقليدي الصيني والغربي. ونهائيا، تم إنجاز مستوى معين للنجاح في الوقاية من الملاريا وعلاجها بجهود متضافرة للخبراء في جميع أنحاء البلاد.

وفي الوقت المناسب، أرسل قسم الخدمات التنفيذية العامة (اللوجستية) لجيش التحرير الشعبي دعوات إلى اللجنة العلمية والتكنولوجية التابعة لوزارة الصحة، ووزارة الصناعة الكيميائية، ولجنة العلوم والتكنولوجيا، وصناعة الدفاع الوطني، والأكاديمية الصينية للعلوم، والوحدات التابعة لها في مجالات: البحث العلمي، والمعالجة الطبية، والتربية، والصيدلية وإلى كل من كان من المتوقع أن يتعاون في إطار خطة موحدة. وتولى تشغيل بحث باشتراك، في اليوم الثالث والعشرين من مايو 1967، وتم انعقاد اجتماع وطني تعاوني، نظَّمته اللجنة العلمية والتكنولوجية، وقسم

الخدمات التنفيذية العامة لجيش التحرير الشعبي، حضره الوزراء المعنيون واللجان المعنية والوحدات الفرعية للجيش والزعماء والوحدات التابعة للأقاليم المعنية والمدن والمناطق الذاتية الحكم والمناطق الجيشية في بكين. وبسبب سرعة الإنجاز ومشاركة المساعدات للبلدان الأخرى، يسمى المشروع ببساطة بـ "مشروع 523" بعد الاجتماع.

لم يكن "مشروع 523" مجرد مشروع بحث على الأرتيمسنين، بل إنه غطى جميع جوانب للوقاية من الملاريا ومراقبتها. جمع هذا المشروع الدائم في ثلاث عشرة سنة أكثرَ من ستين وحدة للبحث العلمي عبر الصين. ووفقا للإحصائيات، وصل عدد الموظفين المنتظمين المشاركين في المشروع ما بين خمسمائة وستمائة، وهؤْلاء المشاركون بالإضافة إلى أولئك المشاركين الذين انشغلوا به في فترات مختلفة، والبالغ عددهم ما بين ألفين وثلاثة آلاف.

نظم "الفريق العامل لمشروع 523" (الفريق البحثي التعاوني الوطني لمراقبة الأدوية وللوقاية من الملاريا) ذات مرة عشرات الوحدات من المقاطعات والمدن الكثيرة لإجراء بحوث مشتركة. وفي عام 1969، تم ترشيح أكثر من عشرة آلاف من المركبات، والأعشاب الطبية بما فيها عشبة الشيح الحولي. ولكن، لم تُحَقِّق أي منها التأثير المثالي.

في يناير عام 1969، زار "الفريق العامل لمشروع 523" أكاديمية علوم الطب الصيني، تلبية لدعوة شو رن خه، نائب رئيس مستشفى قوانغ آن مون التابع لأكاديمية علوم الطب الصيني. في تلك اللحظة الحرجة، لم تكن تفكر تو يو يو، العاملة في معهد المواد الطبية الصينية، والمنشغلة بالبحوث المضادة للملاريا في أن معرفتها وخلفيتها العملية المحصَّلة من مجموعة الطب التقليدي الصيني والغربي قد تكون تُمَكِّنُها من أن تصبح إحدى المفاخر المتألقة للصين، وللتاريخ العالمي للطب في الأيام المقبلة.

٦

الملاريا الرهيبة

الملاريا داء معد، لا يزال يهدد صحة الإنسان وحياته، ينتشر هذا المرض، أصلا، عن طريق لدغات البعوض، أو نقل دموي مع المتصورات. و كان الناس في الزمن القديم يعتقدون أن الملاريا تحدث بسبب الجو الخانق مثلا: الماء أم البخار المسموم في المستنقعات، ومن ثم، الكلمة الإنكليزية "الملاريا"(Malaria) مشتقة من "مالا" (Mala) (السيء) و"آريا" (Aria) الهواء في اللغة الإيطالية.

يتضح من قراءة المواد التاريخية القديمة أنه من الممكن تماما، تجربة الجو الرهيب المولَّد من السيطرة المتفشية للملاريا في العهود القديمة بشكلٍ ملموسٍ.

داء رهيب:

الملاريا داء معد، يهدد صحة الإنسان وحياته، ينتشر هذا المرض، أصلا، عن طريق لدغات البعوض، أم نقل دموي مع المتصورات. وكان الناس في الزمن القديم

يعتقدون أن الملاريا تحدث بسبب الجو الخانق مثلا: الماء أم البخار المسموم في المستنقعات، ومن ثم، الكلمة الإنكليزية "الملاريا"(Malaria) مشتقة من "مالا" (Mala) (السيء) و"آريا" (Aria) (الهوا) في اللغة الإيطالية. ولا يزال النوع البشري يعاني من هذا المرض المتعدي المنقول من البعوض منذ عهود قديمة.

الملاريا الرهيبة (رسام: تشانغ لين هاو)

ونعلم عن طريق مدونات: "كتاب التاريخ"، الوثيقة التاريخية، الذي تم تأليفه قبل ألفين وأربعمائة وتسعين سنة، أن الملاريا أصابت سلالة شانغ قبل ثلاثة آلاف سنة. فقد سجلت المواد التاريخية الصينية، والأجنبية كلتاهما حكاياتٍ كثيرةً للملاريا عن رعب هذا المرض بشكل كلي.

ورقة سحرية:

يقال إن جوكيه ليانغ، رئيس الوزراء مملكة شو هان، قاد جيشاً في عهود الممالك الثلاث (قبل حوالي ألف وثمانيمائة سنة) إلى منطقة نانتشونغ (غرب جنوب مقاطعة

يوننان ومقاطعة قويتشو ومقاطعة سيتشوان، كلها تقع في جنوب غرب الصين)، للقضاء على ثورة مونغ هوه، زعيم الأقليات العنصرية المحلية، الذي بعد انهزامات عديدة، انسحب إلى لوشوي بنصيحة مستشاره. وبعدئذ، قاد جوكيه ليانغ جيش شو لعبور نهر لوشوئي. ساد جو خانق مسموم في شهرَي مارس وأبريل، وقتل ما يقرب من ثلاثة آلاف جندي عبروا النهر. ولم يستطع جوكيه ليانغ حل هذه المشكلة رغم ذكائه الحاد. ومن حسن الحظ، أمر جوكيه ليانغ بنصيحة الجنرال فوبو، وأحد إخوة مونغ هوه، جنوده بأن يحفظوا أوارقاً سحرية في أفواههم، وهكذا استطاعوا أن ينقذوا أنفسهم جميعا. ويُعتقد أن الأوراق التي كانوا حفظوها في أفواههم هي أوراق عشبة "الشيح الحولي" المعروفة.

أغنية مخيفة:

وفي عام 1300، عندما كانت الصين تحت حكم سلالة يوان، أرسل ليو شين، مدير البلدية الصغير لمقاطعة هوقوانغ جيشاً لفتح يوننان. وكانت الأقليات العنصرية بيوننان تعاني من مظالم جيوش ليو، وعندما عيل صبرهم، أطلقوا "الثورة المخيفة لثمانيمائة كنة". وفي عام 1301، تم محاصرة على ستين ألف جندي لليو في شيشوانغبانا، حيث كانت الملاريا الخطيرة منتشرة. ونتيجة لذلك، قتل تسعة من كل عشرة أفراد تقريبا قبل خوضهم ساحة القتال. وهكذا، فازت قوات الثورة بانتصار عظيم.

وفي ذلك الوقت، لم يكن ليو شين مطلعا على الأغنية المخيفة في شيشوانغبانا:
"لو ذهب عشرة أشخاص إلى مونغلا، لما رجع تسعة منهم إلى البيت، ولو أراد أحد أن يذهب إلى تشيفونان، لكان عليه أن يبتاع تابوتاً، ولو نوى أحد أن يسافر إلى بوسابا، لوجب عليه أن يزوج زوجته أحداً غيره من جديدٍ"

استدلال قوي:

بطبيعة الحال، إن الملاريا ليست منحصرة بالصين. وفقا للمواد التاريخية، للملاريا تاريخ طويل في العالم الغربي. قبل أكثر من ثلاثة آلاف سنة، كان السومريون في بلاد ما بين النهرين خائفين جدا من الملاريا، ويعتقدون أن الملاريا عقوبة من "نيرغال"، إله الطاعون، للانتقام من النوع البشري. وفي عام 2001، حفر علماء الآثار البريطانيون والأمريكان عظاما عديدة للأطفال من ضريح ينحدر من العهد الروماني القديم، فوجدوا عن طريق التحليل الجيني دليلا على عدوى الملاريا. وتأسيسا على ذلك، أقاموا حجة قوية على أن: زوال الإمبراطورية الرومانية القديمة ربما كان لسبب الملاريا، لأنه لم يكن هناك دواء، أو منهج لعلاج الملاريا باعتبار المستوى العلمي وقتذاك. أظهرت السجلات، أن جالينوس، أحد الأطباء المشهورين في الروما القديمة، كان قد فشل في اكتشاف دواء مؤثر ضد الملاريا، بدلا من ذلك، اقترح جالينوس منهجاً علاجياً مفترضاً للحفاظ على التوازن عن طريق إراقة الدماء أو التنظيف، اعتقاداً أن سبب الملاريا هو الخلل في سوائل الجسم. ولكن كما ثبت من علم الطب الحديث، فإن إراقة الدماء قد تؤدى إلى فقر الدم مثل الملاريا، ولربما هكذا، كان "العلاج بإراقة الدماء" عجَّل، حقا، بزوال الإمبراطورية الرومانية القديمة.

طاغية بغيضة:

هنري الثامن، ملك معروف لإنكلترا، كان أحد المشاهير، هلك بالملاريا في عهده. وهلك أكثر من سبعين ألف شخص على يده خلال حكمه، بمن فيهم ملكته أيضا. هذا عدد رهيب جداً، على اعتبار أن عدد سكان إنكلترا في مطلع القرن السادس عشر، كان حوالي مليونين فقط.

قد تسأل سؤلا: ماذا كان على الملاريا أن تفعل مع السلوكيات المدمرة لهنري الثامن؟ وفقا للسجلات التاريخية، لقد كان هنري الثامن مصابا بالملاريا

المزمنة في الثلاثين من عمره، التي كمرض دوري، ضايقته مع الصداع النصفي والأنابروسيس(Anabrosis) . يعتقد بعض المؤرّخين أن السبب الذي من أجله، قَتَلَ هنري الثامن شعبَه مرارا وتكرار هو تشويه "شخصيته" بسبب "عذاب" الملاريا.

وحتى الآن، في القرن الحادي والعشرين، هناك حوالي ثلاثة فاصل ثلاثة مليار شخص في سبع وتسعين بلداً ومنطقةً في العالم، يعانون من خطر عدوى الملاريا، ومليار ومائتي مليون شخص معرضون لخطر أكبر (أكثر من حالة واحدة لعدوى الملاريا في كل ألف شخص كل سنة). وفي عام 2013، كان عدد المصابين بالملاريا مائة وثمانية وتسعين مليون شخص حسب التخمين، ولقد أودت الملاريا بحياة خمسمائة وأربعة وثمانين ألف شخصا. يبدو أن الفيلم المأساوي الذي "تم إخراجه" على يد الملاريا لن يصل إلى نهاية مطافه أبداً.

٧

تاريخ الكفاح ضد الملاريا

قه هونغ، إضافةَ إلى تقسيم الملاريا إلى ست فئات كبرى، وفر أيضا أكثر من أربعين منهجاً علاجياً، يغطي مجالات المواد الطبية المختلفة. ولمفاجآتنا نحن، العلاج بـ "عشبة الشيح الحولي" العشبة المعروفة في الوقت الحاضر، أيضا كان مندرجا في أحد المناهج المؤثرة المضادة للملاريا. يجدر بالملاحظة أن منهجاً كهذا تم اقتراحه في سلالة جين الشرقية قبل أكثر من 1600 سنة، عندما كان العلم متخلفاً جداً.

"بيد أنه فيلم مأساوي قد يصل إلى نهاية مطافه أبدا. فدعنا نحاول أن نوقف العارض". منذ ظهور الملاريا، لا يزال الإنسان يكافح ضده. ولا يزال الشجعان منا يكافحون الملاريا بأسلحتهم الخاصة مرة تلو الأخرى، بغض النظر عن النقد المنفي، وتضحية الأنفس. وحتى الآن، لم ينجح كثير منهم في العملية.

دليل وصفات الطوارئ:

في الصين، بدأ "رائد من الرواد المكافحين للملاريا" كفاحه في سلالة جين الشرقية. كانت ساحات الحرب منابتَ أمراض متعددة بسبب العديد من الحروب. يتوافر الأبطال دائما في ظروف حاسمة. ومن أجدر هؤلاء الأبطال بالذكر هنا: قه هونغ، عالم طبي مشهور عرف بـ "شياو شيان ونغ" (النوع الخارق للعادة)، كان عديم النظير في إنجازات الكيمياء، والمواد الطبية في ذلك العصر، ولجعل أغلبية الشعب خبراء مناهج في الإسعافات الأولية، وخاصة، لمواجهة الطوارئ، أعد قه هونغ الكتاب الطبي "دليل وصفات الطوارئ" الذي يسجل مناهج علاجية لكثير من الأمراض، بما فيها مناهج الوصفة، والوخز بالإبرة، والمعالجة.

في فصل "الملاريا" المندمج في "الدليل"، قه هونغ، إضافة إلى تقسيم الملاريا إلى ست فئات كبرى، وفر أيضا أكثر من أربعين منهجا علاجيا، يغطي مجالات المواد الطبية المختلفة. ولمفاجآتنا نحن، العلاج بـ "عشبة الشيح الحولي" العشبة المعروفة في الوقت الحاضر، أيضا كان مندرجا في أحد المناهج المؤثرة المضادة للملاريا. جدير بالملاحظة أن منهجا كهذا، تم اقتراحه في سلالة جين الشرقية قبل أكثر من 1600 سنة، عندما كان العلم متخلفاً جداً.

الخلاصة الوافية في العقاقير الشافية:

في سلالة مينغ، أكمل لي شي تشن، الخبير الطبي، بموهبته، وحرصه، وشجاعته، العملَ الرئيسي: ((الخلاصة الوافية في العقاقير الشافية)) - في مجال الصيدلة عن طريق تطبيق قصة: "شين نونغ يذوق مئات الأعشاب". وفي خضم 1,892 نوعا من الأعشاب الطبية في الكتاب، ظهرت عشبة الشيح الحولي "كرائدة مضادة للملاريا" من جديد.

اعتقد لي شي تشن بأنه يمكن استخدام جذور الدبيق (Bupleuri) لعلاج أنواع

متعددة للملاريا، بالإضافة إلى ذلك، أدمج أيضا "عشبة الشيح الحولي" المذكورة في كتابه "نموذج عشبي لشين نونغ" لعلاج الملاريا في "دليل وصفات الطوارئ"، ولعلاج "الملاريا الباردة" عن طريق تطبيق الكتاب. ولكنه سجل أيضا "عشبة الشيح الأخرى" بمشتقات نبات مختلف، وخصائه وفعاليته لعلاج زكام الأطفال، مؤديا إلى تعرف خاطئ على عشبة الشيح الحولي.

طوبة قارعة لباب سلالة تشينغ:

خلال عهد سلالة تشينغ، هددت الملاريا حتى حياة الإمبراطور. كان جنود الرايات الثماني غير مدركين أنهم يحملون المتصورات إلى بكين في عودتهم منتصرين بعد "ثورة الفيوداتوريز الثلاثة". وبعدئذ، بدأت البعوض تنشر الملاريا في بكين. وأصبح الإمبراطور كانغ شي أحد المصابين بها.

وكما ورد في كتب التاريخ فإن الإمبراطور كانغ شي أصيب بأمارة "تناوب الحمى مع القشعريرة" المشابهة بالملاريا. ولم يتسن للأطباء الإمبراطوريين في الأكاديمية الإمبراطورية للطب، توفير علاج مؤثر، لأنهم لم يواجهوا مرضا كهذا سابقا. فجمعوا مجموعة المرضى المصابين بالملاريا في القصر، وأجروا عليهم عملية التجربة السريرية. ولكنهم لم يجدوا حلا بعد استنفاد جميع الوصفات المتوارثة عبر التاريخ. ولم يستطع الأطباء الإمبراطوريون العاجزون أن يفعلوا شيئا، غير أنهم قدَّموا اعتذارهم المتواضع. فدعا الإمبراطور كانغ شي رعيته لتوفير وصفات مؤثرة. وفي وقت قريب جدا، تم إرسال وصفات كثيرة، وحبوب، ومداواة تدليكية، وحتى الكتاب المقدس البوذي إلى القصر. ولأجل تأكيد السلامة الشخصية للإمبراطور كانغ شي، استهلك أربعة من الوزراء المسؤولين عن سلامة الملك أدويةً متعددةً قبل أن يتم اختبار فعاليتها على المرضى المصابين بالملاريا، وهكذا أيضا، لم يتم إيجاد منهج مؤثر مضاد للملاريا.

وبدأ عامة الناس يقلقون بعد ذلك على مستقبلهم، نظراً إلى الموت المحتمل

للإمبراطور كانغ شي. وأعد الأطباء الإمبراطوريون أنفسهم لدفع ثمن عجزهم بالموت. وفي هذه المرحلة الحاسمة، استأذن أجنبيان مرتديان ملبساً أسودَ وناطقين باللغة الصينية الضعيفة، أن يزورا الإمبراطور كانغ شي. كانا مبشرين مسيحيين، عملا أستاذين للإمبراطور كانغ شي، وقالا للوزراء: الشيء الذي أصيب به الإمبراطور هو "الملاريا المخيفة" التي يمكن علاجها بكينين مادة شبه قلوية. (Quinine) .

وسبَّب هذا التوجيه إثارةَ نقاش مكثف، وبقي الوزراء حيارى. وعلى الرغم من ذلك، عالجت الكينين ثلاثة مرضى بنجاح في التجارب السريرية، والوزراء الذين تناولوا الكينين، أيضا، شعروا بارتياح، وذلك ما أدَّى الإمبراطور كانغ شي إلى الاعتقاد بفعالية الكينين بصرامة. وبرئ الإمبراطور كذلك بعدما تناولها لبضعة أيام. ثم روّج الإمبراطور كانغ شي الكينين على نطاق واسع في أنحاء الصين على الرغم من معارضة الوزراء. وهكذا صارت الكينين "الطوبة القارعة الأولى" للقوات الغربية أن تقرع باب سلالة تشينغ المنعزلة.

أسطورة شجرة الكينا (Cinchona):

لماذا كان المبشران المسيحيان واثقَينِ جدا بعلاج الإمبراطور كانغ شي؟ في مطلع القرن السادس عشر الميلادي، كان التأثير السحري لشجرة الكينا معروفا على نطاق واسع في الأميركتين البعيدتين. قبل أيام كثيرة كثيرة جدا، كانت هناك أسطورة، حول شخص في الإنكا المصاب بالحمى الشديدة كان عطشان جدا، ولكنه لم يجد إلا بركة ماء راكد في الجبال بعد بحث طويل. فعزم على أن يشرب من هذه البركة لظمئه الشديد، لأنه فكر أنه قد يموت على كل حال. وبعد ذلك، أغلق عينيه برفق. ولما فتح عينيه بعد عدة ساعات، شعر بالشفاء الكامل بشكل غير متوقع. فأراد هذا الرجل المبتهج أن يطلع على سبب شفائه، فنسبه إلى ندرة هذه البركة. ومستوحىً من انحناء الشجرة فوق البركة، نقع لحاء الشجرة في الماء، واستنتج أن الماء المنقوع بلحاء تلك الشجرة يستطيع أن يعالج المرض، الذي أصابه ذات يوم، وعرفت هذه الشجرة السحرية بشجرة

الكينا، ثم أصبح هذا العلاج فيمابعد جزءا من الطب الشعبي لعلاج أعراض الحمى والقشعريرة.

وفي عام 1630، أصيبت زوجة حاكم بيرو بالملاريا عندما زارت ليما. فحاول الحاكم القلق كل المحاولة في البحث عن وصفة مؤثرة، دون جدوى. ولكنه عندما كان يدعو لزوجته المحتضرة، زاره بعض السكان الأمريكان المحليين، وعالجوا زوجته بوعاء من المستخلصات المغلية المحضّرة من قشر الشجرة المسماة بـ"شجرة الحياة". وذلك ما أدى حاكم بيرو الممتن إلى اختبار القوة الاستثنائية للسكان المحليين من جديد. وكانت "شجرة الحياة" الخارقة، أصلا، هي شجرة الكينا المألوفة لدينا، ومادة "الكينين" مركبة استخرجت من قشور هذه الشجرة.

مقاومة الملاريا للكينين (رسام: تشانغ لين هاو)

ولكن اكتشاف الكينين لم يوفر راحة البال لزمن طويل. قاومت شدة الملاريا السائدة في جنوب شرق آسيا، مرة أخرى، في ستينيات القرن العشرين، الأدوية المختصة بالكينين. وهكذا، بات انتشار الملاريا إبان تلك البلية نوعاما غير ممكن.

اكتشاف روس:

رونالد روس، المولود في ألمورا، ولاية أترانتشال في الهند، عام 1857، شهد واقعا تعسا لمعاناة الناس من الملاريا منذ صباه. كان ملايين البشر يموتون بسبب الملاريا وقتذاك كل سنة في الهند، حتى سماها السكان المحليون بـ"ملك الأمراض".

وبعد سنوات كثيرة، أصبح روس طبيبا، ومارس العلاج للعيادة في لندن. قال لامرأة أثناء فحصها في مدينة إسيكس شمال شرق إنكلترا يوما: إنها مصابة بالملاريا. فبهتت المرأة وصارت مذعورة. مع أن الملاريا لم تكن في بريطانيا وقتذاك، فإن خطورتها جعلتها معروفةً في كل مكان.

فذكر روس في تلك اللحظة، صدفةً، في تجربته بالهند: كان دائما يصاب بأمراض منقولة بالبعوض في الهند، فلقد كان بدأ البحث حول البعوض. ومن خلال بحثه، توصل إلى أن يرقات البعوض تعيش في الماء، وإذا صب الماء المجموع بعيدا، يمكن تخفيض عدد البعوض. وعلى سبيل المثال فقط، كان منفعلا، فأعد نفسه لاكتشاف العلاقة بين البعوض والملاريا.

وخلال الفترة ما بين عام 1881 وعام 1894، سافر روس بين الهند وبريطانيا من دون تعب؛ لم يكتب قصص المغامرات الشائعة فحسب، بل تفرغ لاكتساب علم الجراثيم، وكيف يستخدم المجهر في عام 1895. وانتهز فرصة النقاش حول العلاقة بين البعوض والملاريا مع الدكتور باتريك مانسون، خبير المرض المداري. وتولى كلاهما أمر العمل الذي كان استهله لافران، الطبيب الفرنسي لمراقبة دماء الملاحين العائدين من إفريقيا، وأثبتا أن خلايا الدماء الحمراء قد تصاب بالمتصورات.

وإنجاز خارق للعادة كهذا، شجَّع روس كثيرا. ولكنه لما عاد إلى الهند في عام 1895، باتت كل تجاربه التي أجراها فاشلةً. فلطم على خدِّه، وأدرك فجأة: قد يكون هناك نوع واحد من البعوض يحمل الطفيلي وسط آلاف الأنواع من البعوض. فجرب الدماء المأكولة لمريض مصاب بالملاريا مع "بعوض ملطخة الأجنحة". وأوتي هذا المريض المسمى حسين خان عملةً نحاسيةً (العملة المستخدمة في الهند وقتذاك) بكل

لدغة بعوضية. وهكذا، جمع حسين عشر عملات نحاسية قبل مغادرة المختبر.

ثم قتل روس البعوض بصدفة، وقطع أنسجتها إلى أجزاء. والشيء المثير هنا، أنه وجد الطفيلي في أنسجة البعوضة. وفي عام 1898، بُعث روس إلى كولكاتا، الهند، وأوتي مختبرا من بلده. فمتابعة لتجاربه، ترك روس البعوض التي كانت لدغت الطيور السقيمة أن تلدغ الطيور الصحيحة. فنتيجةً عن ذلك، أصيبت الطيور الصحيحة أيضا بالمرض. تأثر، وكتب رسالة إلى مانسون، ووصف له "القضبان الجرثومية" التي وجدها على جدران بطن البعوض، إضافة إلى ذكر التجارب التي أجراها على الطيور: بعدما وضعت "القضبان الجرثومة" داخل التجويف الدموي، ظهرت، من غير توقع، في الغدد اللعابية بعد أسبوع.

وهكذا، اكتشف روس بكل نجاح دورةَ حياة معقدة للمتصورات. وفي عام 1902، فاز روس بجائزة نوبل في علم وظائف الأعضاء/ الطب لهذا الاكتشاف. على الرغم من أنه التقط عمل لافران في الملاريا، وإنه حقا، كان نال جائزة نوبل قبل خمس سنوات من لافران.

بينما كان روس كشف عن طبيعة إنتاج الملاريا وتطورها، لم يكن يطور علاجها بوضوح. وفيما يبدو، كانت حياة السكان المصابين بالملاريا كفاحا مجهدا، وانتظارا لامتناهيا لظهور أدوية جديدة مضادة للملاريا.

٨

الحرب والملاريا

كانت القوات المسلَّحة الأمريكية المصابة بالملاريا في شمال إفريقيا وفي جزيرة البحر الجنوبي حسَنَة الحظ لحد أنها وجدت قرصا غامضا أبيض عند الجنود الإندونيسيين المأسورين، وهذا القرص هو الذي ألهم العلماء الأمريكيين على تركيب الكلوروكين(Chloroquine) ، الذي بدد ظهوره خوف الملاريا.

طالما وقعت الكوارث الطبيعية مع المصائب من صنع الإنسان في القرن العشرين، عانى البشر من ألم لا نهاية له بسبب الحروب في جميع أنحاء العالم، والتي وفرت فرصا للملاريا أن تفرض قوتَها المرعبة أيضا.

حرب غاليبولي:

خلال الحرب العالمية الأولى، سعت القوات المتحالفة الأنجلو-فرنسية إلى صعود أرض غاليبولي، ومن سوء الحظ، قاومها الجيش التركي بطريقة عنيفة، فولَّت هاربة،

وذلك ما تسبب في خسائر فادحة. فأصبح ذلك معروفا بمعركة غاليبولي. وقد أصيب المحاربون من الجانبين كليهما في هذه الحرب القاسية بجروح وعدد الوفيات بلغ خمس مئة ألف قتيل، مع كثير من الأموات بسبب الملاريا.

وكما سُجِّل، فإن الجانبين كليهما ظلا متورطين إلى شهر مايو. وبسبب الطقس الحار، تناسلت البعوض بسرعة، وكان هناك عدد كبير من الجنود الجرحى، ثم فشى طاعون الملاريا والإسهال فيمابين القوات المسلحة. وبعد معركة شارسة في أواخر مايو، وصل عدد الموتى إلى أكثر من ثمانية آلاف في ساحة الحرب - المنطقة التي مساحتها عدة كيلومترات مربعة فقط. كانت النتانة المنتشرة في الهواء أقرب إلى غيوم الملاريا المحلقة الحالكة. ولوقاية انتشار الملاريا أكثر، اضطر الجنرال بِيردوود للقوات المتحالفة، لتحذير منذر للموظف الطبي، إلى أن يأمر بوقف إطلاق النار ضد الجيش التركي، لكي يدفنوا جثث الموتى من الجنود. وخلال تسع ساعات من وقف إطلاق النار في 24 مايو، أصبح جميع الجنود الباقين على قيد الحياة، والمبشرين والأطباء والجنرالات "المشيعين".

الحرب العالمية الثانية:

خلال الحرب العالمية الثانية، واصلت الملاريا اصطياد كل من كان في ساحة الحرب، الأمر الذي رفع عدد القتلى. قتل الجيوش اليابانيون في ساحات الحرب بالمشرق بإصابتهم بالملاريا كمثل المذابح الهائلة التي نفذوها في الصين.

وصارت رائحة الجثث المنتشرة في أنحاء الصين بسرعة "سحابة للملاريا"، التي امتدت رويدا إلى جميع أنحاء البلاد. ومنذ ذلك الحين، أصبحت الصين–الساحة الحربية الرئيسية الشرقية– أحد مراتع للملاريا. أطلع اليابانيون على الكينين، وتحولوا إلى مهاجمة مزرعة سينشونا في"جافا"، التي أدارها الهولنديون، وذلك من أجل احتكار مصدر الكينين.

كانت القوات المسلَّحة الأمريكية المصابة بالملاريا في شمال إفريقيا وفي

جزيرة البحر الجنوبي حسَنَة الحظ لحد أنها وجدت قرصا غامضا أبيض عند الجنود الإندونيسيين المأسورين، وهذا القرص هو الذي ألهم العلماء الأمريكيين على تركيب الكلوروكين(Chloroquine) ، الذي بدد ظهوره خوف الملاريا. بالتالي يمكن القوات المتحالفة شن هجوم مضاد إستراتيجية بسرعة.

ما هو وضع الجيش الأمريكي قبل ظهور الكلوروكين؟ في أبريل عام 1942، كانت حرب الفلبين جارية، فشنَّ الجيش الياباني المعوِّل على قواته البحرية القوية غارةً عامةً على القوات الأمريكية الفلبينية المتحالفة المتمركزة في منطقة باتان. في ذلك الوقت، كان الجيش الأمريكي المحاصر ينفد من الذخيرة والإمدادات الغذائية، وكان على الجنود اصطياد القرود، والسحالي والثعابين للأكل. وثمانون بالمئة (80٪) من الجنود في الجيش الأمريكي أصيبوا بالملاريا، وخمسة وسبعون بالمئة (75٪) منهم أصيبوا بالإسهال، وخمس وثلاثون بالمئة (35٪) أصيبوا بمرض البري بري (رزام). وفي ظل موجات الهجمات القوية التي شنها الجيش الياباني، أضطرت القوات الأمريكية الفلبينية المتحالفة إلى الاستسلام من دون مقاومة.

حرب فيتنام:

بعد الحرب العالمية الثانية، توقفت الحروب العالية، ولكن وباء الملاريا لا يزال يتفشى ساحات المعارك في أنحاء العالم.

في عام 1964، اندلعت حرب فيتنام. هذا وتم إرسال الجنود الأمريكيين "الغلابون" إلى فيتنام الجنوبية للمشاركة في القتال. ولكن العدو الأكثر الذي واجهوه لم يكن من محاربي فيتنام الشمالية، بل هو سلالة الملاريا الهائلة التي كانت مقاومة الكلوروكين. كما سُجِّل سابقاً، أن معدَّل الخسائر غير القتالية للجيش الأمريكي عن طريق إصابة الملاريا كان 3–5 مرات أكثر من معدَّل الخسائر القتالية. وبالتالي، سميت الملاريا بـ "المشكلة الطبية العسكرية على المرتبة العليا للقوات المسلحة الأمريكية في فيتنام". وبكل تأكيد، لم يكونوا قادرين على البحث عن حل في فترة قصيرة. وفي

عام 1965، وصل معدَّل حالات الإصابة السنوية بالملاريا للجيش الأمريكي في فيتنام خمسين بالمئة (50٪).

أصيب العدد الهائل من الجنود الأمريكيين بالملاريا (رسام: تشانغ لين هاو)

لم يستطع الجيش الفيتنامي أن ينجو من الملاريا أيضا. ويمكن أن يصاب الجنود المعانون من الملاريا بالحمى والصداع والقيء والتشنج والغيبوبة والعرّة والتهاب الدماغ وحتى الموت. وعلاوة على ذلك، إذا أصيب جندي بالملاريا مرة واحدة، فمن اللازم أن ينقله شخصان آخران مع نقالة ويرافقه ثالث مع بندقية، مما يقلل كثيرا من كفاءة المسيرة.

عاقبة الملاريا:

ظهرت عاقبة الملاريا في فيتنام، كما اكتشف جيم مانويل أحد قدامى المحاربين في الحرب الفيتنامي. في يوم واحد في منتصف ثمانينات من القرن العشرين، ذهب

كالمعتاد إلى مركز الإدارة الطبية لإقدامى المحاربين في سيدار رابيدز بولاية آيوا، للاستشارة حول اضطرابات الضغط مابعد الصدمة. عندما علم أن هناك دراسة أجريت على قدامى المحاربين الذين تعاقوا الملاريا في فيتنام، كان مفتونا ووافق على المشاركة.

ثم ظهرت مشكلة كبيرة: اختبار من قبل طبيب الأعصاب كشف أن معدل الذكاء له قد انخفضت بـ30 نقطة مقارنة مع فحوص الخدمات العسكرية، كما كان مخطط كهربية الدماغ له غير طبيعي. ونهائيا، وجد جذور كوابيسه وانفعاله العشوائي وإحباطه، واكتئابه المتكررين– نفس الخبيثة من الملاريا التي كانت تعذب حياة هنري الثامن.

ذكر معاناته من الملاريا في أحد المخيمات العسكرية بفيتنام قبل عشرات السنين. وعندما تطوع للخدمات العسكرية في نوفمبر عام 1965، كان مانويل في التاسع عشر من عمره. وبعد عشرة شهور، وجد نفسه في عمق المرتفعات الوسطى لفيتنام قرب الحدود الكمبودية، كواحد من 158 جنديا في سَرِيَّة الجيش الراجل. وخلال الفترة ما بين (أكتوبر 1966 – إلى سبتمبر 1967)، قدر أن سريته فقدت ما بين 25 و30 رجلا، حتى مات أحد عشر رجلا في يوم واحد. ومن سوء الحظ، أصيب بالملاريا الدماغية كالآخرين، ولكن من حسن الحظ بقي حيا.

استأنفت البشرية مكافحة الملاريا، واستكشاف الأدوية الجديدة من جديد بعد أن أدرك أن الملاريا قد تكون أكثر رهبا من الحرب.

٩

افتتاح البحوث المضادة للملاريا

في يوليو عام 1969، عندما كانت الملاريا أكثر خطورة في الصيف، بعث مكتب "مشروع 523" السيدةَ تو يو يو، ولانغ لين فو، ويوي يا قانغ إلى العمل في مقاطعة هينان. أرسلت تو يو يو ابنتها الكبرى إلى مرفق لرعاية الأطفال بدوام كامل بعد التشاور مع زوجها لي تينغ تشاو، ثم توجهت إلى مقاطعة هاينان مع زميلَيها الآخَرين.

بعد تلقي مناشدة فيتنام، عزم الرئيس ماو تسي تونغ، الذي كان أصيب بالملاريا ذات مرة خلال زمن الحرب، على المساعدة. بالنسبة له، لم تؤثر الملاريا في تلك الحرب فحسب، بل تتعلق بصحة الشعب الصيني أيضا. مع إطلاق "مشروع 523"، وتطور العملية المضادة للملاريا، انخفض معدل الإصابة بالملاريا في الصين، ولكن لم يتم الحصول على نتائج مثالية في مجال تطوير الأدوية الفعالة وسريعة المفعول وطويلة التأثير ضد الملاريا.

مجموعة الوصفات المضادة للملاريا:

في عام 1969، بلغت تو يو يو تسعة وثلاثين عاما من عمرها، ونظراً إلى معرفتها الراسخة في الطب الصيني والغربي، وقدرة بحوثها المميزة، عينت رئيسة لفريق البحوث المضادة للملاريا. في البداية، كانت تو يو يو العضوة الوحيدة في الفريق. وكانت تواجه عملا صعبا في ذلك الوقت: كانت البحوث العلمية راكدة، والمعدات المتوفرة قديمة، والموارد غير كافية. وكان الواقع أسوأ مما كان عليه قبل عقد من الزمان..

قدم الكتاب: "كيمياء المكونات الأعشابية للطب الصيني" الذي ألفه لين تشي شو، والبحوث القديمة الكثيرة حول استخلاص المكونات الكيميائية الفعالة من الأعشاب، السيدةَ تو يو يو بعض الإلهام إلى بدء العمل. إدراكا أنه يجب أن تكون حقائق في الطب التقليدي الصيني، بدأت في دراسة "خلاصة وافية من المواد الطبية الصينية التقليدية الأدوية العشبية"، وجمع وفرز الكتب الطبية القديمة، والبحث عن الوصفات الشعبية والتشاور مع كبار المتخصصين.

خلال تلك الفترة، تصفحت عددا كبيرا من الأعشاب الفردية والوصفات المركبة مع تسجيلات وتجارب سريرية لسلفها: جمعت ولخصت كثيرا من الكتب الطبية القديمة إلى جانب "خلاصة وافية من المواد الطبية الصينية التقليدية الأدوية العشبية"، وقرأت جميع الرسائل التي كتب إليها المواطنون الصينيون بعد تأسيس الأكاديمية، واستشارت كبار الأطباء المعروفين الذين تم توظيفهم من جميع أنحاء الصين. ومن البحر المحيط للمعرفة الطبية، تمكنت تو يو يو من التقاط كثير من الصدفات الجميلة. أوصى الطبيب التقليدي الصيني المعروف بو فو تشو" الوصفات المركبة "لي جي سان" و"شنغ سان تسي"، وأوصى الطبيب المعروف الآخر يويه مي تشونغ الوصفة "مو تسي جيان" و"قوي تشي باي هو تانغ".

وخلال شهرين، غطست تو يو يو نفسها بعناية كبيرة في محيط حكمة الطب التقليدي الصيني، واختارت وجمعت بعناية أكثر من ألفي وصفة أعشابية ومعدنية

وحيوانية لكلا من تناول عن طريق الفم والاستخدام الخارجي والاستخدام الخارجي.
وأخيرا، أكملت "مجموعة الوصفات المضادة للملاريا" المشتملة على أكثر من 640
وصفة طبية، طبعت وأرسلت إلى مكتب "مشروع 523" في أبريل عام 1969.

عشبة "الشيح الحولي" الغامضة:

عندما تصفح الباحثون هذه المجموعة ذلك الحين، لم يلاحظوا أن عشبة الشيح
الحولي، التي صارت معروفة في الدائرة المضادة للملاريا بعد سنوات، قد ذكرت مراراً
وتكراراً في الكتاب.

ورد في الصفحة الـ15:

وصفة: عشبة الشيح الحولي، من (تقريبا 25 غراما) إلى (250 غراما).

تعليمات الاستخدام: العصير المستخلص بالطحن، والمغلي بالماء أو المخلوط من
الدقيق المطحون مع الماء الساخن.

المصادر: فوجيان، قويتشو، يوننان، قوانغشي، هونان وجيانغشي.

الملاحظات: هناك العديد من مناهج التحضير التي اكتشفها سكان بعض
المناطق، من أمثال: 3 ليانغ (150 غراما) من عشبة الشيح الحولي و3 ليانغ (150
غراما) من السمسم الرديء، المغلي بالماء، خذ المستخلص المغلي بالماء، ولكل ذلك
أثر علاجي جيد.

لقد احتفظت تو يو يو بهذه الوصفات المشتملة على عشبة الشيح الحولي في ذهنها
بصمت وطبقتها مع التجارب، ولكنها في الوقت نفسه، ركزت جهودها على البحث عن
الأدوية العشبية التي تتمكن من علاج التأثيرات الجانبية التي تسبب القيء.

إطلاق الرمية الأولى على الملاريا:

في مايو عام 1969، بدأت تو يو يو تحضير المياه المستخلصة، والكحول

المستخلص للأعشاب الطبية الصينية، التي أُرسِلت فيمابعد إلى الأكاديمية العسكرية لعلوم الطب (المذكور فيمايلي كـ"236") كجزء لترشيح الأدوية المضادة للملاريا. بحلول أواخر يونيو، أرسلت تو يو يو أكثر من خمسين عينة، ومن بينها كان مستخلص الفلفل أكثر تأثيرا: وصل معدَّل كبحه لنموذج متصورات القوارض (معدل كبح نمو الخلايا البلازمودية) بلغت 84٪.

في يوليو عام 1969، عندما كانت الملاريا أكثر خطورة في الصيف، بعث مكتب "مشروع 523" السيدةَ تو يو يو، ولانغ لين فو، ويوي يا قانغ إلى العمل في مقاطعة هينان. أرسلت تو يو يو ابنتها الكبرى إلى مرفق لرعاية الأطفال بدوام كامل بعد التشاور مع زوجها لي تينغ تشاو، ثم توجهت إلى مقاطعة هاينان مع زميلَيها الآخَرين. أخذوا عينتين مع المعدَّل الأعلى لكبح الملاريا القارضة (من الفرز في المنتصف الأول للسنة) باسم الفلفل، وخليط الفلفل الحار وحجر الشب، لإجراء الفحوصات على تأثيراتها العلاجية السريرية. كانت لديهم توقعات كبيرة، ولكن من سوء الحظ، لم تكن نتائج تجربتهم مقبولة ومُرضية. على الرغم من أن معدَّل كبح الملاريا القارضة للعينات المتعددة المحضَّرة على أساس الفلفل وخليط الفلفل الحار وحجر الشب، تجاوزت أكثر من ثمانين بالمئة (80٪)، وفشلت في القضاء على المتصورات بالكامل، واستطاعت فقط أن تحسن علامات المرضى المصابين بالملاريا.

بينما حصلت تو يو يو "لقب العضو ذو خمسة أسماء جيدة" من قبل مكتب "مشروع 523" بقوانغدونغ لعملها في هذه التجربة، لم يضمحل عزمها من هذا الفشل.

وفي عام 1970، بدأ فريق البحث العلمي التركيز على دراسة عميقة للفلفل من فبراير إلى سبتمبر من العام نفسه. أرسلت تو يو يو وزملاؤها أكثر من 120 عينة محضَّرة بمستخلصات ومخلوطات متعددة للاختبار. كان يبدو أن نتائج الاختبار ستعلن عن "موت" الفلفل في الحرب المضادة للملاريا: لم يمكن تحسين عياره عن طريق الفصل والتعصير، حتى أنها ارتفعت بعد تسوية معدَّل المكونات، كان التأثير أقل بكثير من الكلوروكين.

أدركت تو يو يو وزملاؤها بعد مناقشات مُتعبة، أنه كان عليهم أن يغيروا تركيزهم.

وبعد ذلك، وسَّعوا نطاق ترشيحهم: كانت تو يو يو مسؤولة عن ترشيح الأعشاب الطبية، بينما كان يوي يا قانغ مسؤولا عن ترشيح الأدوية من المصادر المعدنية و الحيوانية.

حل:

المهمة الجليلة التي أسندتها "236"، إضافة إلى هذه الحقيقة أن معهد المواد الطبية الصينية كان مجهزا تجهيزا–ضعيفا لإجراء أنشطة الكشف المضادة للملاريا في ذلك الوقت، وذلك ما فرض صعوبات لتو يو يو. ومن المؤسف جداً أن فريق تو يو يو أوقف ترشيح الأدوية المضادة للملاريا، مع ثلاثين عينةً مرشَّحةً، بما فيها المستخلص الكحولي الذي يبلغ معدَّل كبح البلازمودية ثمانية وستين بالمئة (68٪)، فقط بعد سنة واحدة من إطلاق رميتهم الأولى على الملاريا.

"تَطرُق الفرصة أبواب المستعدين"، لم يكن على تو يو يو أن تنتظر طويلا جدا. وفي عام 1971، دخلت حربُ فيتنام أكثر مراحلها وحشية، وظهرت الملاريا أيضا في جنوب الصين، مما أدى إلى حاجة ملحة إلى الأدوية المضادة للملاريا في داخل الصين وخارجها. عقد فريق البحث وكبح الملاريا الوطني ندوة حول البحث في الملاريا وكبحها في قوانغتشو خلال الفترة ما بين: (22/ مايو – 1/ يونيو)، وفق تعليمات الوثيقة المحررة رقم 29 الصادرة من قبل مجلس الدولة واللجنة العسكرية المركزية. ولخصت الندوة الوضع المحلي للبحوث المضادة للملاريا، واقترحت توكيد متطلبات خطة لخمسة أعوام لعمل وقاية الملاريا ومكافحتها. وخلال فترة الندوة، أرسل رئيس الوزراء تشو أن لاي برقيةً مع تعليمات مهمة لتعزيز وقاية وكبح الملاريا المنجَلية في المناطق الاستوائية. فتم إحياء الحركة المضادة للملاريا في الصين: لقد لبّت فرق البحوث في وقاية وكبح الملاريا جمعاً بين الطب التقليدي الصيني والطب الغربي، وبين الطب قبل الكشف السريري، والطب السريري، وبين الوخز بالإبرة والعلاج الطبي ، استجابة دعوة رئيس الوزراء بكل نشاط.

في ذلك الوقت، علَّق مسؤول من وزارة الصحة على أن عمل "مشروع 523" في الطب

التقليدي الصيني ينبغي أن يمضي قُدُماً ولا يتراجع. شاركت تو يو يو أيضا في المؤتمر، ونالت أعمالها التأييدَ من القيادات العليا. وكلفت أكاديمية علوم الطب الصيني التي تخدم من جديد كأمر لمواصلة بحوثها في الطب التقليدي الصيني لوقاية الملاريا وعلاجها. سمح المسؤولون لتو يو يو أن تنشئ فريق بحث متكون من أربعة أعضاء: كانت تو يو يو مسؤولة عن العمل العام، وكان لانغ لين فو مسؤولا عن إدارة النماذج الحيوانية من الملاريا القارضة، والملاريا القرَدية، وكان العضوان الآخران ليو جيوي فو، و تشونغ يوي رونغ. على الرغم من وجود أربعة أعضاء فقط في الفريق، إلا أنهم عملوا بجد وتمكنوا من ترشيح دفعتين من العينات كل أسبوع.

وفي 16 يوليو 1971، وبذلت تو يويو كل غال ونفيس لرفع عملها التقدمي إلى أوج الكمال، إلى جانب قيادة أصحابها، لترشيح الأعشاب الطبية المضادة للملاريا. وفي مطلع سبتمبر 1971، تم ترشيح أكثر من مائتي عينة من المستخلصات المائية

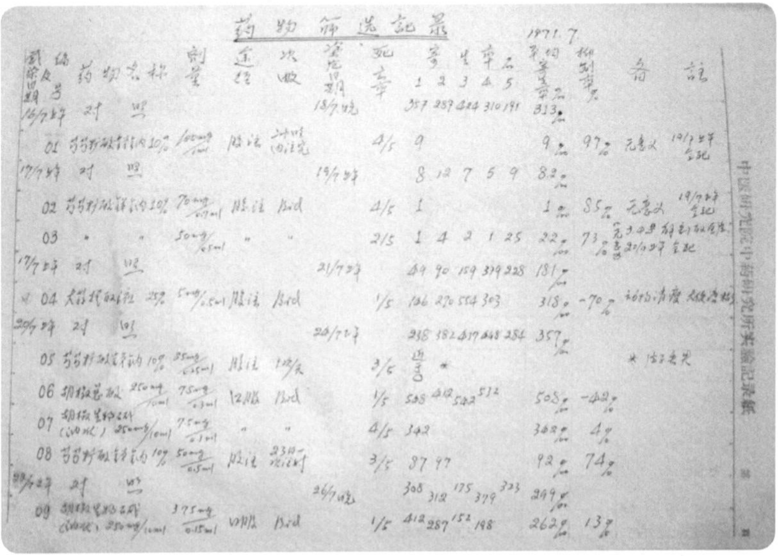

سجل فحص الأعشاب لفريق تو يو يو في عام 1971.

والمستخلصات الكحولية المحضَّرة على أساس أكثر من مائة عشبة طبية على طاولة المختبر. وعن طريق ترشيح أكثر من 308 عينة محضَّرة على أساس أكثر من مائتي عشبة طبية، دقق الفريق تركيزه على عشبة الشيح الحولي، ولكن، بعد عدة جولات من التجارب، لقد خاب الأمل في عشبة الشيح الحولي: ويمكن أن يصل معدَّل كبحها للمتصورات فقط أربعين بالمئة (40٪) في الأعلى، واثني عشر بالمئة (12٪) في الأدنى فقط.

يبدو أن نتائج التجربة ستعلن عن انتهاء عشبة الشيح الحولي، وتُفرِغ أيضا إناءً من الماء البارد على طموح تو يو يو.

١٠
الإلهام والنجاح

قرأت تو يو يو ذات يوم: *"خذ حفنة من عشبة الشيح الحولي، وانقعها في لترين من الماء، واستخرج العصير، وتناول هذا العصير المستخرج بأكلمه"*، هذه هي *العبارة التي مسجلة في* "وصفات علاج قشعريرة الملاريا والحمى" *(رقم: 16، المجلد: 3، "دليل وصفات الطوارئ")*. فجأةً، بدا لها أنها تشاهد *سنا البرق المخترق من الغيوم المظلمة*، وأطارت ريح شديدة الضباب *المكثفة، وظهر النور من الظلام*. فوردت فكرة وهمية في ذهنها.

دراسة الكتب القديمة عن الطب التقليدي الصيني:

بالأداء الضعيف لعشبة الشيح الحولي في اختبار نموذج الملاريا القارضة، سقطت تو يو يو في الشك: هل كانت عشبة الشيح الحولي غير قابلة لعلاج الملاريا؟ هل كان ما سجل في الكتب القديمة غير موثوق به؟ هل كان المخطط التجريبي غير منطقي؟ بدأت الضغوط الضخمة المملة على رأس تجاربها تؤثر على صحتها.

عشبة الشيح الحولي، الواعدة في عيون تو يو يو وأصحابها في بادئ الأمر،

بدت كأنها سوف يتم سحبها من المنصة المضادة للملاريا رجوعا إلى دور الأعشاب التقليدية لتبرئة الحرارة الضئيلة.

ولكن "الصبر والدوام يؤديان تدريجيا إلى النجاح رغم الصعوبة"، أما تو يو يو وأصحابها فهم دون شك لم يكن في قاموسهم مجال "للفشل". بدأت تو يو يو تقرأ الكتب القديمة للطب التقليدي الصيني مرة أخرى. واعتماداً على المعرفة المتراكمة من ورشة التدريب على الطب التقليدي الصيني للأطباء الغرب، ومن خبرات تأليف "مجموعة الوصفات المضادة للملاريا"، كانت تو يو يو تعلم بوضوح أن عشبة الشيح الحولي كانت أُخِذت كالدواء. على الرغم من أن هناك سجلات مختلفة، أنها أصلا أعدت عن طريق الغليان. بدأت في ذهنها تلخيص جميع الاختلافات لعشبة الشيح الحولي "في كتاب "الجودة الأعشابية لسن نونغ" و"الوصفات الطبية لحالات الطوارئ" و"خلاصة وافية من المواد الطبية الصينية التقليدية الأدوية العشبية"

وبتأمل مزيد، عززت تو يو يو ثقتها بعشبة الشيح الحولي.

الإلهام المخترق من الغيوم المظلمة:

قرأت تو يو يو الكتب القديمة لفظا لفظا بتأنٍّ، وحاولت أن تفهم كل التفاصيل. وفي يوم من الأيام، قرأت: "خذ حفنة من عشبة الشيح الحولي، وانقعها في لترين من الماء، واستخرج العصير، وتناول هذا العصير المستخرج بأكلمه"، وهذه هي العبارة التي مسجَّلةٌ في "وصفات علاج قشعريرة الملاريا والحمى" (رقم: 16، المجلد: 3، "دليل وصفات الطوارئ"). فجأةً، بدا لها أنها تشاهد سنا البرق المخترق من الغيوم المظلمة، وأطارت ريح شديدة الضباب المكثفة، وظهر النور من الظلام. فوردت فكرة وهمية في ذهنها:

كانت فعالية عشبة الشيح الحولي المضادة للملاريا أقل شهرة، بسبب درجة الحرارة المرتفعة، أم إنزيموليسيس. قد تكون تتطلب المناهج المضادة للملاريا لعشبة الشيح الحولي اختراق العادات التاريخية.

وفي التجارب المتعددة السابقة، وظّف الفريق مناهج متعددة لاكتشاف المكونات المضادة للملاريا، ولكن كان أكثرها على أساس درجة الحرارة المرتفعة. ولقد كان تمكن القدماء من علاج الملاريا بكل نجاح عن طريق العصير المستخرج من عشبة الشيح الحولي لأنهم أعرضوا بإهمال عن عامل درجة الحرارة المرتفعة. ربما، تضررت مادة الأرتيمسنين بدرجة الحرارة العالية؟ لو كانت استخرجت المادة عن طريق آخر، هل ستصبح فعالة؟

سجل في "وصفات علاج قشعريرة الملاريا والحمى" رقم: 16، المجلد: 3، "الوصفات الطبية لحالات الطوارئ": خذ حفنة من عشبة الشيح الحولي، وانقعها في لترين من الماء، واستخرج عصيرها، وتناول العصير المستخرج بأكمله.

لم تتردد تو يو يو أكثر بقيادة إلهامها، وذهبت إلى موقف السرير من جديد. وكما يبدو، لن ينطفئ إلهامها المشتعل بواسطة هذه العبارة: "خذ حفنة من عشبة الشيح الحولي، وانقعها في لترين من الماء، واستخرج العصير، وتناول العصير المستخرج هذا بأكمله". وفي ضوء هذه الفكرة، واصلت تو يو يو التقدم إلى الأمام......

١١

العيِّنة رقم 191

لقد كان التعرض الطويل للأثير الضار والمذيبات العضوية الأخرى أثّر في صحة كثير من أعضاء الفريق، لقد عانت تو يو يو نفسها من التهاب الكبد المسموم؛ كانوا مجتهدين لحد لم يتسنَّ لهم أن يعتنوا بأنفسهم . علاوة على ذلك، كان الباحثون العلميون الآخرون في الصين وضع الوطن والجماعة في المقام الأول. وكانت الأولوية القصوى لهم: التضحية بالأنفس لصالح الجماعة.

مخطط الاستخلاص الجديد:

كما أرشدت الكتب القديمة أن مفتاح استخلاص مادة "الأرتيمسنين" هو درجة الحرارة. إذا استخلصناها في درجة الحرارة المنخفضة، قد نكون ننجح. لم يكن ذلك في زمن أقدم مما بدأت تو يو يو تطوير مخططٍ جديدٍ للاستخلاص.

ابتداء من سبتمبر عام 1971، فكّر فريق البحث بكل دقة، تحت قيادة تو يو يو، وأبدع مخططا جديدا لاستخلاص المكونات النشيطة لعشبة الشيح الحولي، واختار

أوراقاً ناضجةً لعشبة الشيح الحولي من بكين، تم اقتطافها في فصل الخريف، وأجريت تجارب متواصلة بمناهج متعددة.

لقد صار الاستخلاص المغلي والاستخلاص الكحولي في التجارب الصيدلية للملاريا القارضة باطلا. يحمل المستخلص الحاصل عن طريق نقع الأثانويل البارد، بدرجة الحرارة المضبوطة على (60°C) أثناء التركيز، أثراً مؤكداً في تجربة الملاريا القارضة، ولكن ليس له تأثير عندما كانت درجة الحرارة أعلى ما يمكن. والمستخلص الحاصل عن طريق الجزر الأثيري المنقوع البارد أظهر عياراً عالياً وتأثيراً ثابتاً في تجربة الملاريا القارضة.

وفي كتاب "الأدويــة المؤسسة على عشبة الشيح الحـولي والمؤسسة على الأرتيمسنين" الكتاب الوحيد لتو يو يو، المنشور من دار نشر للصناعة الكيميائية في عام 2009، شرح كهذا "سوف يُلاحظ هذا بنوع خاص أثناء استخلاص الأرتيمسنين، أن مفتاح النجاح هو حبس درجة الحرارة في (60°C)، ولكن الأرتيمسنين الموجودة الحاصلة عن طريق الفصل يتسنى لها أن تبرم الفعالية الثابتة المضادة للملاريا حتى بعد نصف ساعة من غليانها، أم وضعها في جزر الأثانويل لأربع ساعات.

العينة رقم 191:

مرت ليالٍ ساهرة لا تحصى. وفي الرابع من أكتوبر 1971، فجأةً، تتلقى تو يو يو وزملاؤها في فريق البحث بكل سرور النتائج التي كانوا يبحثون عنها في التجربة المضادة للملاريا على مستخلص الأثير المحايد من العينة رقم 191 أخيرا: حقق المستخلص الأثير المحايد من العينة رقم 191، مئة بالمئة (100٪) من معدَّل الكبح للمتصورات، مع الآثار السامة والجانبية المنخفض، والفعالية المرتفعة المضادة للملاريا!

ويمكن تلخيص إجراءاتهم التجريبية على النحو المذكور فيما يلي: أولا، ضَع أطراف أوراق عشبة الشيح الحولي المعالجة في الأثير للنقع البارد، وعلى هذا النحو،

قد تذوب مكونات الأوراق ببطء في الأثير، التي ستصير مستخلصة الأثير، بعد إزالة الحثالة. ثم سخن المستخلص مزيدا، لأن تركيز المكونات المؤثرة المضادة للملاريا كان منخفضا جدا، ونهائياً، يمكن الحصول على مستخلص الأثير المركَّز.

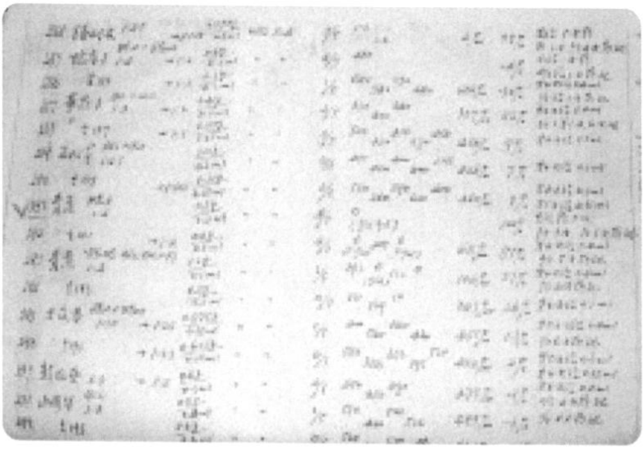

السجل التجريبي لتو يو يو، يسجل استخدام عشبة الشيح الحولي للتجربة رقم 191 بمئة بالمئة (100٪) من معدّل كبح المتصورات.

نظرا لجرعة كبيرة أثناء استخلاص الأثير وسمّيته، فصل فريق تو يو يو مستخلص الأثير المركَّز باثنين بالمئة (2٪) من محلول الصودا كاوية (Sodium Hydroxide Solution)، حصولا على المستخلص المحايد، والمستخلص الحمضي. ثم أجروا تجارب مستهدفة على النوعين كليهما من المحلولات. كما ظهر في التجارب: كان المستخلص الحمضي غير فعال مع السمية الشديدة، بينما كان المستخلص المحايد مستخلصا مؤثرا حقا، الذي هو مستخلص الأثير المحايد من عشبة الشيح الحولي، وهو يعرف أيضا بـ "مستخلص الأثير المحايد".

الأثير مع نقطة الغليان المنخفضة:

لماذا يناسب استخدام الأثير لاستخلاص المكونات المؤثرة المضادة للملاريا من عشبة الشيح الحولي؟ السبب هو أن الأثير عديم اللون وشفاف ومتطاير السائل ذو رائحة حادة. وتحت الضغوط الجوية المعيارية، نقطة غليان (34.6°C). ومن أجل انخفاظ

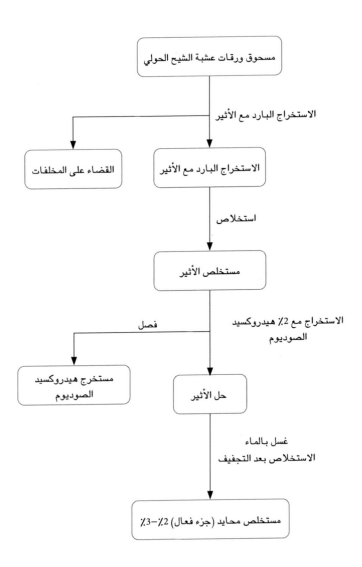

مسحوق ورقات عشبة الشيح الحولي

الاستخراج البارد مع الأثير

القضاء على المخلفات

الاستخراج البارد مع الأثير

استخلاص

مستخلص الأثير

فصل

الاستخراج مع 2% هيدروكسيد الصوديوم

مستخرج هيدروكسيد الصوديوم

حل الأثير

غسل بالماء
الاستخلاص بعد التجفيف

مستخلص محايد (جزء فعال) 2%–3%

مخطط انسيابي لاستخلاص المكونات النشطة المضادة للملاريا من عشبة الشيح الحولي

نقطة غليانه، درجة الحرارة العالية التي يمكن الوصول إليها عند التسخين لتحضير مستخلص الأثير المركَّز هي (34.6°C) فقط، لكونها -إن صحَّ التعبير-أخفض بكثير من 60°C، قد لا تكون تستطيع إفناء المكونات المؤثرة المضادة للملاريا في الحل. وبالإضافة إلى ذلك، يحمل استخلاص الأثير فائدة أخرى: عدد أقل من المكونات من نهايات الأوراق سوف تذوب في الأثير، لذلك هناك عدد أقل من الشوائب في مستخلص الأثير، وذلك أكثر ملاءمة لتنقية.

وفي ذلك الحين، باشر فريق البحث عمله تحت ظروف تجريبية سيئة، للحصول على المزيد من مستخلصات الأثير لعشبة الشيح الحولي في أسرع وقت ممكن، وأجروا التجارب بسبعة أوعية ماء كبيرة في استبدال حاويات الاستخلاص المتواجدة في المختبر. لم يكن هناك نظام التهوئة، ولا معدات الأمن التجريبية في المختبر، أجرت تو يو يو وزملاؤها التجارب مع الكمامات الغازية فقط. لقد كان التعرض الطويل للأثير الضار والمذيبات العضوية الأخرى أثَّر في صحة كثير من أعضاء الفريق، لقد عانت تو يو يو نفسها من التهاب الكبد المسموم؛ كانوا مجتهدين لحد لم يتسنَّ لهم أن يعتنوا بأنفسهم . علاوة على ذلك، كان الباحثون العلميون الآخرون في الصين وضع الوطن والجماعة في المقام الأول. وكانت الأولوية القصوى لهم: التضحية بالأنفس لصالح الجماعة.

البحوث في عشبة الشيح الحولي:

لقد كان أجرى فريق تو يو يو، قبل الحصول على مستخلص عشبة الشيح الحولي المؤثر، عدداً كبيراً من البحوث في تحديد وترشيح عشبة الشيح الحولي. فوجدوا أن عشبة الشيح الحولي الناضجة لا تحتوي على الأرتيمسنين: فقط أوراق عشبة الشيح الحولي (وليس سيقان النبات والجذور) هي التي تحمل وظيفة الأرتيمسنين، مع الرؤوس اللينة للأوراق تحمل الكثير من المكونات المؤثرة. وأفضل وقت الحصاد هو فصل الخريف، لأن عشبة الشيح الحولي لا تُنبت الزهور في هذا الفصل، وأوراقها تزدهر

جدا فيه. وينبغي استخدام الأوراق في السنة نفسها التي اقتطفوهـا، لأن المكونـات المؤثرة المحتوية قد تكون تنخفض بـارتفاع وقت التخزين.

حققت البحوث حول عشبة الشيح الحولي نهائيا، بعد ثلاث سنوات من التقلبات انتصاراً مرحليا ولعبت كثير من الحيوانات، وخاصة فئران المختبر، أدواراً مهمةً خلال البحث.

١٢

التجارب على فئران المختبر

أولا، تم اختيار فئران المختبر الصحيحة الموزونة بـ 18–22 غراماً، وأُخرج دم من أحد المصابين بالملاريا، ثم تم حقن ($1X10^7$) من المتصورات في الفجوة البطنية لكل فأر سليم. وبعد 24 ساعة، تم حقن مستخلص الأثير المحايد في بطون فئران المختبر السليمة، وهكذا تم بدء "الرحلة المضادة للملاريا" لها.

في عملية البحث حول الأدوية، ينبغي لكل دواءٍ موجودٍ في المختبر أن يمر بالتجارب الصيدلية قبل التجارب السريرية للتأكد من أنه نشيط أومؤثر وسام. وخضع تحضير "الأرتيمسنين" أيضا لهذه العملية: بعد استخلاص المكونات النشيطة من عشبة الشيح الحولي مع الأثير، أم بعد الحصول على مستخلص الأثير المحايد عن طريق فصل مستخلص الأثير لعشبة الشيح الحولي، يمكن إجراء التجارب الصيدلية فوراً على فئران المختبر للحكم الابتدائي على الفاعلية والسمية لما هو موجود في المختبر. وعلى هذا النحو، لعبت الفئران دور القاضي. والنجاح في الاختبار على الفئران يحدد إذا ما كان يمكن اعتبار العملية تحقيق النجاح الابتدائي.

الدراسة الصيدلية:

أولا، تم اختيار فئران المختبر الصحيحة الموزونة بـ 18–22 غراماً، وأُخرج الدم من أحد المصابين بالملاريا، ثم تم حقن ($1X10^7$) من المتصورات في الفجوة البطنية لكل فأر سليم. وبعد 24 ساعة، تم حقن مستخلص الأثير المحايد في بطون فئران المختبر السليمة، وهكذا تم استهلال "الرحلة المضادة للملاريا" لها.

بعد دقائق قليلة، وبعد ساعات، وبعد مدة طويلة من الزمن، نظرت فئران المختبر المحبوبة إلى تو يو يو بنظرة غريبة، وجرت حولها بسعادة. أجرت تو يو يو اختبارات بدنية لها على الفور، ووجدت أنها كانت صحية جدا. وثم تتابع هذه العملية على مدار ثلاثة أيام. أخرج الباحثون الدم من أذناب فئران المختبر بعد 24 ساعة من الحقنة الأخيرة من المتصورات، لمراقبة حالة الكبح للمتصورات. أظهرت النتائج التجريبية أن المتصورات في أجسام الفئران غابت بأكملها. فكان نجاح تجربة الملاريا القارضة مثّلت المرحلةَ الأولى تجاه هدف الفريق في البحوث حول الأرتيمسنين.

وبعيد ذلك، أجرى فريق البحث تجربة للملاريا القردية مع القِرَدة كأهداف تجريبية. وأظهرت النتائج التجريبية أن الجزء المحايد للأرتيمسنين أيضا يحمل وظيفة واضحة مضادة للملاريا القردية.

تجربة السلامة:

أولا، اختار الباحثون فئران المختبر السليمة، ولاحظوها لمدة ثلاثة أيام بعد حقنة واحدة للمتصورات، لإحصاء الجرعة المميتة المتوسطة وغيرها من البيئات الأخرى. كلما كان الجرعة المميتة المتوسطة أكبر، كلما كان الدواء أكثر أمنا. وعن طريق تجربة كهذه، أحصت تو يو يو أن الجرعة المميتة المتوسطة لمستخلص الأثير المحايد كانت 7,425 مليغراما لكل كيلو غرام من المستخلص. وباختصار، كان لابد من أن يكون التركيز 7,425 مليغراما لكل كيلو غرام من المستخلص على التوالي، ومن

ثم، لابد من قتل نصف عدد الفئران. وهكذا، أظهرت التجربة أن المستخلص المحايد كان سالما نسبيا.

ثم أجرى فريق البحث تجربة قلبية سمية على فئران المختبر والقطط الكلاب؛ تجارب كبدية سمية على 13 كلبا سليماً، وتجارب كلوية سمية على 10 كلاب سليمة، والاختبار الباثولوجي على 8 كلاب في دفعتين.

كانت تو يو يو على ثقة تامة، وأثبتت النتائج التجريبية تقديرها، ومرت الحيوانات كلها بالتجارب بسلام. وأظهرت النتائج أيضا أن المستخلص المحايد لم يكن له تأثير واضح على الأجهزة الحشوية الأخرى، ماعدا الأثر القليل أو الزائل في حيوية ترانسامينـاس الكبد من عدد قليل من الحيوانات فقط.

لعبت فئران المختبر والكلاب والقردة، والحيوانات الأخرى أدواراً مهمةً في التجارب الصيدلية وتجارب السلامة التي أجراها فريق تو يو يو. وحتى الآن، استمر كثير من هذه التجارب لتكون في البحوث الدوائية الخارجية والداخلية مواداً تجريبيةً مهمةً. ولكل هذه الحيوانات تضحيات عظيمة تجاه صحة الإنسان، فإنها تستحق منا الإجلال والرحمة والامتنان.

١٣

فاعلية الاختبارات الشخصية

لننظم تجربة دوائية. أريد أن أجريها بالتزايد التدريجي للجرعات. سأشارك فيها أولا، وحتى الآن أحتاج إلى مشاركين آخرين؛ هل يريد أحد أن يشاركني؟" على هذا النحو، تحولت الثرثرة المنفعلة في حجرة الاجتماع إلى صمت مطبق. "بيد أنه لم يخالفني أحد، فدعنا نبدأ فوراً!"

لا مجال للتنازل:

تم إجراء فحص دوائي للملاريا الكلبية قبل الكشف السريري على مستخلص الأثير المحايد بعد وقت قصير من اكتشافه، وكان كلب يحمل تفاعلا سميا.

واجهت الوقاية المضادة للملاريا لمستخلص الأثير المحايد انتقاداً، ولكن فريق تو يو يو اعتقد أن الوقاية محققة، كما ثبت من جميع الفحوصات السمية الحيوانية السابقة التي أجروها. وبالإضافة إلى ذلك، ليس هناك سجل لسمِّيَّة عشبة الشيح الحولي في الكتب القديمة للطب التقليدي الصيني على مدار آلاف السنين. اعتقد كثير من الباحثين أن السمِّيَّة الخفية قد لم يتم اكتشافها أثناء استخلاص مستخلص الأثير

المحايد وإنشاء نموذج للملاريا القارضة. وعلاوة على ذلك، اقترح الآخرون دراسة الفلفل من جديد. لقد كانت تأزمت التجارب، وكانت الأرتيمسنين على وشك مواجهة مصيرها المتأزم.

في منتصف الليل، وكان أعضاء الفريق وسط تصميم الخطط التجريبية ومناقشة التفاصيل، وقالت تو يويو التي كانت تسمعهم منذ وقت طويل في صوت صارم: "أظن أنه لا ينبغي لنا التنازل عن عشبة الشيح الحولي".

"علينا أن نؤكد أنها آمنة للإنسان، وعلينا ألا ننكر أن قيمة عشبة الشيح الحولي فقط من أجل حالة سلبية واحدة".

قيادة التجربة الدوائية الشخصية:

لننظم تجربة دوائية. أريد أن أجريها بالتزايد التدريجي للجرعات. سأشارك فيها أولا، وحتى الآن أحتاج إلى مشاركَين آخَرين؛ هل يريد أحد أن يشاركني؟" على هذا النحو، تحولت الثرثرة المنفعلة في حجرة الاجتماع إلى صمت مطبق. "بيد أنه لم يخالفني أحد، فدعنا نبدأ فوراً!"

إن التجربة الدوائية الشخصية بالنسبة إلى خبير في مجال العقاقير تعني: "ثقته بدواء صنعه أحدٌ شخصيا". في ذلك الوقت، لم تفكر تو يو يو كثيراً، أرادت فقط أن تكون أول من يعرف ما إذا كان الأرتيمسنين فعالا. لا شيء إلا تجربة دوائية شخصية أن تمكِّنها من تجريب الدواء الذي كانت صنعته شخصيا في الحقيقة.

بموافقة رؤسائها، تم تكوين الدفعة الأولى للمشاركين من ثلاثة أعضاء: تو يو يو، ولانغ لين فو، ويويه فنغ شيان. وفي يوليو عام 1972، توجهو إلى مستشفى دونتشيمون الذي كان تابعا لجامعة بكين للطب الصيني. اُصطُلِحَت هذه التجربة بـ "التجربة الدوائية الاستكشافية". ولتأكيد سلامتها، قرر فريق البحث على أن يرتب الجرعة الابتدائية كـ 0.35 غراماً لكل شخص. وتحت مراقبة صارمة للمستشفي، تم تزايد الجرعات تدريجيا: 0.35 غراما، 0.5 غرامات، وغرام واحد، وغرامان، وثلاثة غرامات،

وأربعة غرامات، وخمسة غرامات، وتناولوها مرة في كل يوم، وواصلوا تناولها إلى سبعة أيام. النتيجة: لم يكن هناك أي آثار جانبية أم سمِّيَّة من مستخلص الأثير المحايد في جسم الإنسان.

في الحقيقة، لم تكن تو يو يو على صحة جيدة، وكانت بنتاها لازالتا صغيرتين؛ وعلى الرغم من ذلك، حملت المسؤولية إلى الأمام بغض النظر عن سلامتها من أجل المشروع العلمي. وعلَّق شي يي قونغ، نائب رئيس جامعة تسينغهوا على عزمها: "في سياق بيئتها، كان من العسير أن تُنجز عملا كهذا. عندما يجرب العلماء على أنفسهم، فذلك دليل واضح على التكريس والتضحية".

91#中干物人体探路试服计划
服药剂量：从小量开始，在医生严密观察下，逐渐增大。
拟从250mg/50kg开始逐次增大
500mg、1000mg、2000mg、4000mg/50kg/天
根据服药人的反应情况，采取必要的措施，必要时中止服药
时间：从16/6—25/6 共计十天
体检检查见附表
附院 内科、眼科、耳科

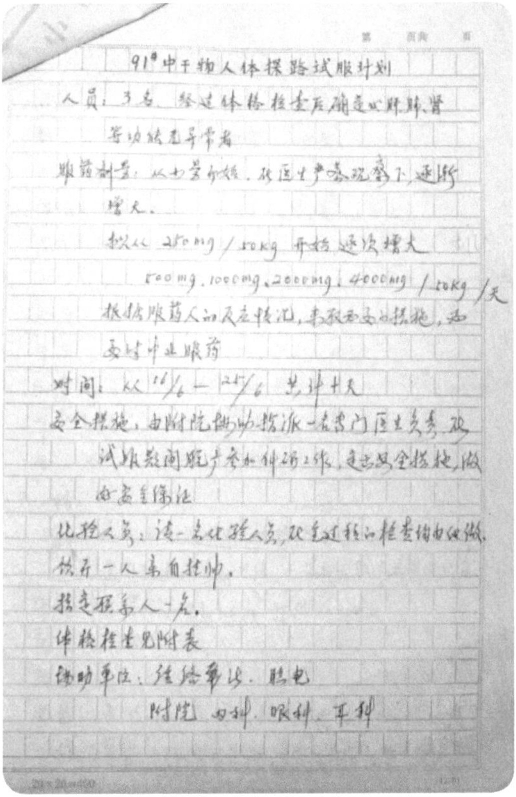

خطة "التجربة الدوائية الاستكشافية"

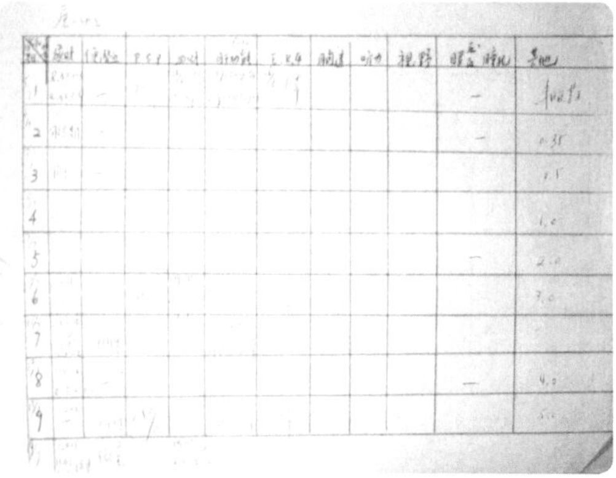

سجل تو يو يو خلال التجربة الدوائية

المزيد من التجارب السريرية:

وفي أغسطس عام 1972، ذهبت تو يو يو إلى منطقة الملاريا بتشانغ جيانغ في مقاطعة هاينان بالأدوية المحضَّرة، ومع الفريق الطبي لأكاديمية الصينية لعلوم الطب لإجراء دراسات سريرية، ونظموا المرضى للمشاركة في التجربة الدوائية الثانية بسرعة، نظرا لمرونة مشاريع الجرعات السريرية، ولأجل توضيح فعالية الأرتيمسنين بشكل جيد. اُختير خمسة مرضى كالمشاركين لتناول جرعة لثلاثة غرامات مرتين كل يوم لمدة ثلاثة أيام. وفي الفترات قبل التجارب، وأثناء التجارب، وبعد التجارب، يمكن أن يُجري الباحثون: اختبارات مِرسمة القلب الكهربائية (ECG)، واختبارات الوظيفة الكبدية، واختبارات الوظيفية الكلوية، والتنظير الصدري، واختبارات الدم الروتيني، واختبارات البول الروتيني، واختبارات الغائط الروتيني على التوالي. وبعد ثلاثة أيام، تم تقديم نتائج الاختبارات لهذه الدفعة من المرضى، ونتائج الاختبارات للدفعة الأولى (التي كانت جزءا منها) إلى تو يو يو. وعندما فتحت تو يو يو التقرير، بدأت ترتعش يدها اليمنى بتشوق، وجدت ماذا كانت تتوقع أن تراه: كانت نتائج اختبارات الدم الروتيني واختبارات البول الروتيني لخمسة مرضى في مقاطعة هاينان طبيعية بعد تناول الدواء، وكانت الوظائف الكلوية على الحيز العادي، وكان النتروجين البولي

عاديا، وكانت اختبارات التنظير الصدري ومرسمة القلب الكهربائية عادية خلال وبعد الاستنفاد الدوائي، ولم يكن هناك تغير واضح في الضغط الدموي، وكانت المقلة القاعية عادية. ولم تتغير حاسة البصر بكل وضوح، مقارنةً مع القراءة قبل-التجريبية، وكانت درجة حرارة الجسم، وذبذبة النبض عادية، ولم تكن هناك أعراض سريرية في النظام التنفسي والنظام البولي والنظام العصبي المركزي. كان هناك أثر جانبي وسمى واحد فقط: قليل من البروز في البقعة الهضمية، لدى مريضين أصيبا بتوجع بطني بعد تناول الدواء بساعة. لكن ذلك، لم يكن خطيرا، وسرعان ما انحلت المشكلة بنفسها من دون علاج.

أظهرت نتائج التجربة الدوائية البشرية أن المستخلص المحايد المشتمل على الأرتيمسنين ليس له تأثير واضح في الأجهزة الحشوية الأخرى، باستثناء أثرٍ قليلٍ أم زائلٍ في الحرارة الكبدية المنقولة لبعض المواشي فقط.

في منطقة الملاريا بمقاطعة هاينان، أكملت تو يو يو وزملاؤها نهائيا إحدى وعشرين ملاحظةً سريريةً مضادَّةً للملاريا. اختاروا أحد عشر مريضاً لملاريا الغِبِّ(Tertian malaria)، وتسعة مرضى للملاريا المنِجَلية، ومريضا للعدوي المخلوطة، وقد برئ كل هؤلاء المرضى المصابين بالحمى المتكررة لـ 40°C شفيوا بأعجوبة بعد أيام متعددة، وتم القضاء على المتصورات في أجسامهم بصورة ملحوظة. وكانت الأرتيمسنين أكثر متفوقة في فعالية مقارنةً مع الكلوروكين البطيء الفعَّالية. وأعطت هذه النتيجةُ تو يو يو والباحثين الآخرين المزيد من الثقة بالأرتيمسنين.

وبعد وقت قليل، أعيدت التجربة على تسعة مرضى في مستشفى 302 العسكري الصيني مع نتائج متفوقة.

وفي أغسطس عام 1973، في فصل صيف آخر مع ارتفاع معدل الإصابة بالملاريا، ذهبت تو يو يو المسلَّحة بسلاح "الأرتيمسنين، أحادية المعدن، المنظَّفة من الأجزاء المؤثرة لعشبة الشيح الحولي" إلى منطقة الملاريا بتشانغ جيانغ في مقاطعة هاينان مرة أخرى، لإجراء الدراسات السريرية. ولمشكلة ضغط الدم الانقباضي (انقباض القاعة القلبية)، خفضت تو يو يو عدد المرضى المشاركين من أربعة عشر إلى ثمانية،

الذين كانوا شاركوا في التجربة فيها فيما قبل. ولكن التجربة كانت ناجحة جدا.

استطاعت تو يو يو على نهاية المطا، أن ترتاح، وتذكرت اليوم الرابع من أكتوبر لعام 1971، قبل سنتين تقريبا، عندما كانت اكتشفت أن العينة رقم 191 تمكنت من تحقيق مئة بالمئة من معدَّل كبح متصورات الملاريا القارضة. ولم تتوقع ذلك الحين أن طائفة العلماء سوف يقيمون نَصَباً تذكارياً للاكتشاف، وسوف يتجمَّع العديد من الباحثين، أصحاب الأماني النبيلة في الصيدلية والطب الصيني أمام مثل هذا النصَب التذكاري.

١٤
التكاتف ضدَّ الملاريا

من المستحيل أن نتخيل الآن، لو لم تكن متابعات تو يو يو، لما كان من الممكن أن يتم اكتشاف مادة "الأرتيميسنين" الأعشابية، الدواء الذي يبرأ به الملايين من البشر في كل سنة. ونستطيع فقط أن نخمِّن كميةَ الجهود التي بذلتها تو يو يو وزملاؤها في بحوثهم."

التمهيد:

انعقد اجتماع بمنطقة نانجينغ في الثامن من مارس 1972 قبل التجربة الدوائية. صعدت تو يو يو في الاجتماع إلى المنصة بابتهاج شديد، وقدّمت التقرير عن "البحوث على الأعشاب الصينية المضادة للملاريا تحت إشراف فكرة ماو تسي تونغ" نيابةً عن فريقها.

أشارت في التقرير إلى حقائق وتجارب وبياناتٍ كثيرةٍ تُظهِر القيمة العلمية وتأثيرات الأرتيمسنين في علاج الملاريا، إضافةً إلى التقنيات العلمية المتقدمة بأهميةٍ خاصةٍ، ووضَّحت في عرضها أيضا روحها القيادية للتحقيق العلمي في البحوث:

"لم يكن لنا من السهل دائما ترشيح الدواء المؤثر ضدَّ الملاريا في المختبر، ولكن العملية الاكتشاف تحتاج إلى التجربة والخطأ الممارسة المتكررة والتحسين المتواصل."

تقرير تو يو يو في اجتماع نانجينغ (رسام: تشانغ لين هوا)

تعليمات "الممارسة والاعتراف وإعادة الممارسة وإعادة الاعتراف" التي وجهها الرئيس ماو مصدر إلهام كبير ومستنير لنا. وشجَّعتنا على التغلب على "الفشل" في عملية الترشيح. كما اتضح أنه يمكن إنجاز فهم سديد دائما عن طريق التكرار من المادة إلى الروح، ومن الروح إلى المادة، يعني من الممارسة إلى الفهم، ثم من الفهم إلى الممارسة".

ما استطعنا أن نُنجِزَ كافيا، لقد أنجزنا فقط العمل الابتدائي، ولابد من الجمع بين العمل المختبري، والعمل السريري. وبالنسبة للدواء، التجربة السريرية هي أكبر تحد.

وكل ما قالت تو يو يو في الاجتماع ألهم الكثير بأن يصبحوا متحمسين في العمل المضاد للملاريا، وانتشر الحمى على الصعيد الوطني من أجل البحث والعلاج المضاد

للملاريا. لقد تشجع كثير من الخبراء والباحثين بالخطاب إلى حد كبير. واعتقدوا أنه كان باستطاعتهم صنع إنجازات متشابهة كمثل تو يو يو تحت إرشاد مكتب (523). فبدأ مزيد من الباحثين يشتغلون بالبحوث المضادة للملاريا.

العائق:

بعد اجتماع نانجينغ، واجهت تو يو يو عائقا أكبر في مسيرتها البحثية المضادة للملاريا: وقع حريق في مختبرها، وأحرق بيانات كثيرة. ولكن تو يو يو، على الرغم من هذه الصدمة العنيفة التي عانت منها، ظلت عازمة على مواصلة البحوث، فقادت فريقَ البحث إلى استعادة البيانات الأصلية والإنجازات التجريبية بشق الأنفس، ليلا ونهارا.

ومن المستحيل أن نتخيل الآن، لو لم تكن متابعات تو يو يو، لما كان من الممكن أن يتم اكتشاف مادة "الأرتيمسنين" الأعشابية، الدواء الذي يبرأ به الملايين من البشر في كل سنة. ونستطيع فقط أن نخمِّن كميةَ الجهود التي بذلتها تو يو يو وزملاؤها في بحوثهم." ومن أجل عدم تفويت أفضل فترة تجريبية من العام، حضَّروا مستخلص الأثير لعشبة الشيح الحولي بأحواض الماء الكبيرة تلبيةً لمتطلبات الجرعات لمتابعة التجارب السريرية.

القريحة الجياشة:

في"اجتماع تبادل ظروف البحوث والوقاية المضادة للملاريا ومعالجتها" المنعقد في الخامس من نوفمبر 1972، قدَّمت تو يو يو تعريفا خاصا بالبحوث المضادة للملاريا مع عشبة الشيح الحولي، وفي اجتماع "مشروع 523" الوطني المنعقد في بكين في 17 نوفمبر 1972، عرضت تو يو يو ملخصا للفعالية المؤثرة المضادة للملاريا لجميع الحالات الثلاثين للمرة الأولى، وأيده المشاركون الآخرون. ونتيجةً عن ذلك، ارتفعت مكانة معهد المواد الطبية الصينية بالأكاديمية الصينية لعلوم الطب الصيني

تدريجيا. وباتت البحوث المضادة للملاريا على عشبة الشيح الحولي مقبولةً من جديد عبر الصين.

وبالتالي، طوَّرت المشاركة النشيطة للأطراف المتعددة تقدُّم العمل ضدَّ الملاريا. وتطوَّعت مقاطعتا شانغدونغ ويوننان خدمةً رياديَّةً، وكتبت معاهد الطب الصيني في المقاطعتين إلى معهد المواد الطبية الصينية بالأكاديمية الصينية لعلوم الطب الصيني، لطلب المزيد من التأكيد على أنواع عشبة الشيح الحولي الزايدة، تيسيراً لتعلُّم هذه الأنواع وتأثيراتها الجانبية والسمِّيَّة والسريرية، وما إلى ذلك. وأصبح المعهد للمواد الطبية بشانغدونغ، الوحدةَ الإنتاجيةَ الثانية للأرتيمسنين في استخلاف معهد شانغدونغ للأمراض الطفيلية، وكما أصبح معهد يوننان للمواد الطبية، الوحدةَ الإنتاجية الثالثة للأرتيمسنين.

وتكثف التبادل والتعاون بين الوحدات البحثية المتعددة. ومن الخريف إلى الشتاء في عام 1973، توجه المسؤولون عن مكتب "مشروع 523" ومعهد المواد الطبية الصينية إلى مقاطعتي يوننان وشانغدونغ للإطلاع على أعمالهما ضد الملاريا.

وخلال الفترة ما بين: (28/ فبراير–1/ مارس عام 1974)، عقدت أكاديمية علوم الطب الصيني بعناية مكتب "مشروع 523" اجتماعاً وطنياً تعاونياً حول الأرتيمسنين المضادة للملاريا. وبعد الاجتماع، انكشفت المعلومات ذات الصلة بالموضوع من مختبرات بحوث الأرتيمسنين التابعة لمعهد المواد الطبية الصينية بالأكاديمية الصينية لعلوم الطب الصيني. إضافةً إلى تقديم المواطنين بالتعريف المفصل، لقد فُتِحَت المختبرات للزيارة العامة. وهكذا، سنحت لكثير من الناس فرصة تطوير فهمهم تجاه البحوث المضادة للملاريا. وفي وقت لاحق، أطلق وسط البحث العلمي المشجعة "عاصفة مضادة للملاريا"، مما أتاح فرصة التعاون على الرصيد الوطني.

وبالتالي، تطور "الفريق المضاد للملاريا" وتقوى تدريجيا في الصين. وبالإضافة إلى مقاطعتي شانغدونغ ويوننان، شاركت المقاطعة الأخرى، بما فيها سيشوان، وقوانغشي وقوانغدونغ في البحوث، ورفعت جهودها المشتركة البحوثَ المضادّةَ للملاريا إلى ذروتها. وفي عام 1975، شاركت جامعة الطب الصيني التقليدي بقوانغتشو

في المهمة، توسيعاً لقدرات الفاعلية السريرية للأدوية المؤسسة على الأرتيمسنين، ثم أصبحت الوحدة الإنتاجية السادسة للأرتيمسنين. كما هو مسجل في بيانات "اجتماع تقييم الأرتيمسنين" المنعقد في عام 1978، أن أكثر من أربعين وحدةً شاركت في البحوث المضادة للملاريا. وشاركت عشر مقاطعات ومدن ومناطق ذاتية الحكم في البحوث السريرية. وتم التحقق مما مجموعه 6,555 حالة، و2,099 تحضيراً للأرتيمسنين. وهذا العدد الهائل نادر جدا، حتى في أبحاث الطب الجديد في الوقت الحاضر.

في تلك اللحظة، لقد صارت الشرارة الوحيدة المضادة للملاريا، التي كانت أشعلتها تو يو يو، نهائيا، ناراً ملتهبةً وعظيمةً. وتبعا لتوجيهها، ساهم الباحثون في جميع أنحاء الصين في الهدف نفسه، وفي هذه المهنة الجليلة المضادة للملاريا، مهما كانت مواقفهم ومناصبهم.

١٥
من البلّورة إلى الدواء

في عـام 1972، استخلص الفريق للمرة الأولى الأدوية أحادية المعدن الفعال
المضادّ للملاريا من عشبة الشيح الحولي، التي كانت سمِّيت ذلك الحين
بالأرتيمسنين. عاملين على مدار الليل والنهار، فصلوا بنجاح أكثر من مئة
غرام من الأرتيمسنين لفحوصات سريرية لاحقة مضادة للملاريا لتحديد
الهيكل الكيميائي.

استخلاص الأدوية أحادية المعدن المضادة للملاريا:

عندما تم استخراج مستخلص الأثير المحايد بنجاح، بدأ فريق تو يو يو استخلاص
الأدويـة أحاديـة المعدن المضادة للملاريا فورا. في مجال الطب الصيني التقليدي
والصيدلة، وهناك ثلاث طرق للاستخلاص: الإذابة والتقطير البخاري والتهذيب، ولكن
كل واحد منها يعتبر غير قابل لاستخلاص بلُّورات الأرتيمسنين. ولا يمكن استخدام
المستخلص الحاصل عن طريق أحد من هذه الطرق الثلاثة مباشرةً، وكان لا بد من
فصل المكونات الفعالة عدة مرات لتحديد مكوناتها الفعالة نهائيا.

صمَّم فريق تو يو يو مخطَّطاً تجريبياً على أساس تطور التجارب الفصلية السابقة: أولا، اخلط مستخلص الأثير المحايد بالبولي أميد (Poliamide)، وتحلّب بـ 47٪ من الأثانويل، وأجرِ عليه تركيز إزالة الضغط للحصول على السوائل، ثم استخلص المحلول المركَّز بالأثير من جديد، وأجرِ عليه عملية الفصل الأكسيدي العمودية للاستخلاص. وهكذا، حصلوا على نوعين من الزيت عن طريق التصفية بالأثير النفطي: الزيت المصفرّ، والزيت الرماني، ثم حصلوا على نوعين من بلَّورات إبرية بيضاء، ونوع من الزيت الأصفر عن طريق التصفية من جديد بعشرة بالمئة (10٪) من الأثير الحمضي-النفطي الكحولي. ومن خلال التحديد، سميت البلورات بالأرتانوين(أي)، والأرتيمسنين. وأخيرا، تم الحصول على نوع من البلورات المربعة البيضاء، ومادة زيتية سوداء عن طريق التصفية بعشر بالمئة (15٪) من الأثير الحمضي-النفطي الكحولي، ثم سميت البلورات المربعة البيضاء بالأرتانوين(بي).

وجد الباحثون في الدراسات اللاحقة أن الأرتانوين(بي) يمكن أن تعلب دوراً معيناً أيضا: عندما اختلطت الأرتيمسنين مع الأرتانوين(بي) المعادلة، استطاعت هذه أيضا أن تزيل المتصورات، حتى إذا انخفضت جرعاتها إلى النصف، وذلك ما أثبت القيمة الغالية للأرتانوين(بي).

الاكتشاف النهائي للأرتيمسنين:

أجرى فريق تو يو يو تجارب نموذجية للملاريا القارضة بالإنتاجات الحاصلة عن طريق التصفية على انفراد. وأظهرت النتائج التجريبية أن المادة الزيتية المصفرة المنفصلة والأرتانوين (أي) والأرتانوين (بي) باطلة، واستطاعت الأرتيمسنين فقط أن تزيل جميع المتصورات المتواجدة في نماذج الملاريا القارضة. وفي عام 1972، استخلص الفريق للمرة الأولى الأدوية أحادية المعدن الفعال المضادة للملاريا في عشبة الشيح الحولي، التي كانت سميت ذلك الحين بـ"الأرتيمسنين". وبجهودهم في الليل والنهار، نجحوا في فصل أكثر من 100 غرام من الأرتيمسنين للاختبارات

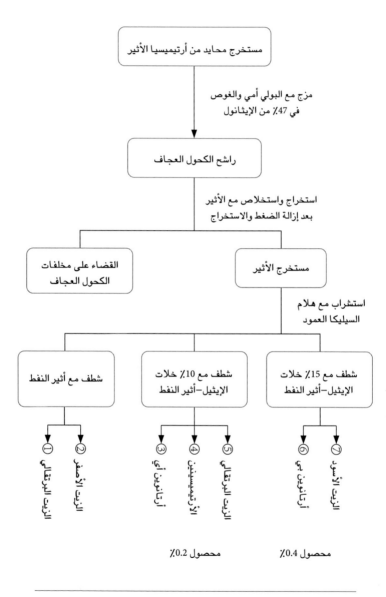

عملية فصل مستخلص الأثير المحايد

السريرية المتلاحقة المضادة للملاريا وتحديد الهيكل الكيميائي.

وإلى جانب اكتشاف الأرتيمسنين، أجرى الفريق اختباراً سمِّياً جادّاً على فئران المختبر، فضلا عن الفحوص المرضية على الأعضاء الرئيسية مثل القلب والكبد والطحال والرئة والكلي والدماغ على الفئران، والقطط، والحيوانات الأخرى. وبالإضافة إلى ذلك، شارك ثلاثة من الباحثين العلميين أيضا في التجربة الدوائية للأرتيمسنين.

أظهرت الاختبارات السمِّيَّة الحيوانية والتجربة الدوائية الإنسانية أن الأرتيمسنين لم يكن لها تأثير واضح في الأعضاء الأحشائية ما عدا التأثير القليل أو العابر في بعض الحيوانات والناس. وذلك ما يشير تماماً إلى أن البلورات الإبرية البيضاء كان لها تأثير سمي وجانبي طفيف فقط.

كما نظرت تو يو يو مسألة ما إذا كان الإنتاج الضخم من الأرتيميسينين يمكن أن تتحقق. تشتمل عشبة الشيح الحولي النامية في بكين على أوساخٍ كثيرةٍ، ويمكن استخلاص المشمولات الأرتيمسنينية عن طريق مناهج مركبة مع كمية كبيرة من الأثير، بإحالتها إلى مادة غير مناسبة للاستخدام في الإنتاج الضخم. وبالتالي، استخلص الفريق الأرتيمسنين أيضا "بمنهج استخلاص الكحول الرقيق" و" منهج استخلاص البنزين المذيب"، وذلك ما حل مشكلة كمية المذيبات إلى حد كبير.

كان استخلاص البلورات الإبرية إعلانا عن أن استخلاص الأرتيمسنين، وحتى تحول بلورات الأرتيمسنين إلى الدواء لا يمكن إلا أن يكون قضية من قضايا "البحث العلمي". ولم يكن إنتاج الأدوية المؤسسة على الأرتيمسنين للمعاهد الصينية أملاً بعيد المنال، بل كان ذلك مهمة عملية ممكنة الوصول.

التجارب السريرية المشوقة:

في أغسطس 1973، كلفت الأكاديمية الصينية لعلوم الطب الصيني مصنع صيدلي لإنتاج الدفعة الأولى لأقراص الأرتيمسنين. وتم إرسال فريق طبي مكوَّن من لي تشوان جيه، وليو جيوي فو والباحثين الآخرين إلى منطقة الملاريا بتشانغجيانغ في مقاطعة هاينان لإجراء التحقق السريري. بشكل غير متوقع، كانت الأقراص فقط سارية المفعول على ثلاثة من المرضى السريريين الخمسة، وكانت الفعالية أدنى بكثير بالنسبة إلى النتائج التجريبية السابقة.

ولم ييأس الفريق بمواجهة نتيجة كهذه، بل بدأ يبحث عن خلل في الأقراص. وبعد فترة قصيرة من الاختبار، وجدوا السبب: لم يكن هناك غلط مع الأرتيمسنين، هذه هي الأقراص التي كانت سبَّبت المشكلة. كانت طريقة صنع مادة الأرتيميسينين في أقراص مشكلة، مما يؤثر على التفكك. "التفكك" يشير إلى الوقت الذي يمر فيه الدواء من خلال شاشة معينة بعد حله تماما في بيئة معينة، مثل الماء وعصير الأمعاء أو عصير المعدة. كان وقت تفكك أقراص الأرتيميسينين طويلا جدا، لذلك تم تفريغ الأرتيميسينين مع أقراص متبقية قبل الامتصاص. في ظل هذه الظروف، لا يمكن امتصاص الأرتيميسينين على النحو الأمثل من قبل جسم الإنسان.

هذه كانت فترة الثورة الثقافية، وكان من الصعب إنتاج أقراص الأرتيميسينين بسبب إغلاق غرفة تصنيع الأدوية لمعهد المواد الطبية الصينية. فعزم فريق البحث على إنتاج الكبسول مقارنةً مع الأقراص، التي يمكن إنتاجها باستخدام عملية أبسط، ويمكن بها استقلال المكونات الفعالة بسهولةٍ أكثرَ لامتصاص جسم الإنسان.

ووفي وقت لاحق، أُخِذت هذه الكبسولات التي لم تكن تمر باختبار التفكك بعد بسبب ضيق الوقت، إلى منطقة الملاريا بتشانغجيانغ في مقاطعة هاينان لمراقبة تأثير العلاجية السريرية من قبل تشانغ قوه تشنغ، نائب مدير معهد المواد الطبية الصينية بالأكاديمية الصينية لعلوم الطب الصيني. قدَّم الباحثون الكبسولات إلى ثلاثة من المرضى السريريين في جرعات: من ثلاثة إلى ثلاثة غرامات ونصف(3–3.5غم)، وتم شفاؤهم جميعا. وبالإضافة إلى ذلك، تم القضاء على المتصورات في المتوسط في غضون ثماني عشرة ساعةً ونصف، وكان موعد انخفاض الحمى ثلاثين ساعةً، مما يدل على تأثير واضح. فارتاح الباحثون بعدما قرأوا تقرير التجربة.

وكذلك تمت التجربة السريرية التحضيرية للأدوية المؤسسة على الأرتيمسنين بنجاح. وخلال ذلك، تم إجراء التجارب السريرية المتعددة للأرتيمسنين في جميع أنحاء الصين أيضا. وفي عام 1978، تم إنهاء 529 حالة للتجربة السريرية في الصين، وكلها حققت نتائج جيدة.

مسرح كبير في الصين:

وفي أكتوبر عام 1973، عاد باحثو معهد المواد الطبية الصينية إلى بكين، وأعدوا تقريراً لتقديمه إلى مكتب "مشروع 523". وفي الثاني من نوفمبر، أرسل المكتب رسالةً إلى الأكاديمية الصينية لعلوم الطب الصيني، وطلب منها عقد "اجتماع للبحوث الدوائية المضادة للملاريا (بما فيها الأدوية المركبة)" لمناقشة قضية "تطور الأدوية الجديدة عن طريق الجمع بين الطب التقليدي الصيني والطب الغربي". كانت التعليمات واضحة كالمذكورة فيما يلي: "الأرتيمسنين دواء حاسم، يرجى إعداد المعلومات المعنية للمناقشة "، فقدمت تو يو يو تقريراً شاملاً مرة أخرى في الاجتماع.

وفي فبراير عام 1974، ترأست الأكاديمية الصينية لعلوم الطب الصيني "ندوة البحوث الموضوعية للأرتيمسنين" التي كشفت للمرة الأولى عن نتائج مختبرات بحوث الأرتيمسنين تحت رعاية المعهد، وسمحت للمشاركين بالزيارة الميدانية وقدمت تعريفاً

مفصَّلاً. وبعد ذلك، شاركت المعاهد من مقاطعات سيشوان وقوانغشي وقوانغدونغ في البحوث. ووفق الإحصاءات، شاركت أكثر من أربعين وحدةً في البحوث المضادة للملاريا، وأجرت 6555 تجربةً سريرية.

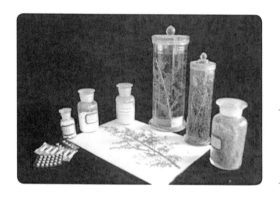

(من اليمين إلى اليسار:
عينة عشبة الشيح الحولي،
والأرتيمسنين، والأدوية
المؤسسة على الأرتيمسنين.)

في المسرح الكبير المضاد للملاريا في الصين، سرعان ما أصبح الطب المؤسس على الأرتيمسنين نجماً متألقاً.

١٦

مادة الأرتيمسنين الاستثنائية

تم التحقق من الأرتيمسنين، نوعٍ من البلّورة الإبرية البيضاء بنقطة الغليان المُذيبة($156-157°C$)، عن طريق التفاعل الكيميائي والاختبارات المتعددة الأخرى لتكون مركبة عضوية نموذجية. لا تشتمل هذه المركَّبة على النتروجين، تم تكوينها بصيغة من $C_{15}H_{22}O_5$ بوزن جزيئي لـ282.

يوجد في مختبر تو يو يو نموذج ثلاثي الأبعاد لهيكل الأرتيمسنين، وهذا إنجاز فخري بكل وضوح وهدف لبحوثها مدى الحياة.

وفي الحقيقة، يقتضي تحديد هيكل الأرتيمسنين بعض الوقت. بعد استخلاص الأرتيمسنين الناجح في درجة الحرارة المنخفضة، أراد فريق تو يو يو أن يطلع على الهيئة الداخلة للأرتيمسنين، وكيف يمكنها أن تداوي الملاريا.

كيكولي وحلقة البنزين:

فكرت تو يو يو في قصة العالم الكيميائي الألماني كيكولي الذي كان اكتشف

صيغة حلقة البنزين في منتصف القرن السابع عشر الميلادي بجهوده المستمرة. وقبل اكتشافه، كان الناس مشوشين، كيف يمكن البنزين أن يحافظ على طبيعة كيميائية ثابتة على الرغم من أن ذراتها الفحمية على أعلى حالة غير مشبعة. حلَّ كيكولي هذه المشكلة برسم حلقة سداسية على الورق، وهي حلقة البنزين التي نعلمها جميعا الآن.

هذه قصة ممتعة، لأن كيكولي لم يكتشف حلقة البنزين عن طريق دراسة الكتب المدرسية أو الكلاسيكية، بل عن طريق حلم في المنام. كان ذلك يوما مثلَّجاً خلال الفترة مابين (1864–1865)، كان كيكولي غلبه النعاس بجانب مدفأة أثناء قراءة تقرير بحثي معقَّد.

بعد ثوانٍ، وجد كيكولي النعسان نفسه في ظلام حالك من دون المدفأة والفراش والكرسي الهزاز والنافذة والبيت. كان هناك ثعبان يحلِّق ببطء على الفضاء الواسع الخالي، كمثل الجسم الكوكبي. لم يستطع كيكولي المرتاع أن يتحرك، انجذر إلى الأرض، فوجد نفسه يشاهد عيون الثعبان. وصدفةً، فتح الثعبان عينيه أكثر، وأخرج لسانه، ولدغ ذنبه، مُشَكِّلاً صورةَ حلقة غيرِ منتظمة في الهواء.

استيقظت كيكول فجأة ونظرت حوله، كل شيء يبدو طبيعيا. فبدا له كأنه يرى حروفاً تمثل عناصر التواء البنزين وتحاريفه حول جمرات النار. وصدفةً، صرخ بسرور وبهجة، ووضع قلمه على الورق، والشيء الذي رسمه على الورق كان هو التمثيل الأول لـ "حلقة البنزين" في العالم.

الدواء الجديد من دون النتروجين:

بدافع من هذه القصة، كانت تعتقد تو يو يو أيضا، أنه ليس من المهم من أين يأتي الإلهام، ولكن الشيء الأكثر أهمية هو استكشاف جميع الإمكانيات في الحقيقة وفي الخيال كليهما كمثل كيكولي، وإمساك الإلهام العابر عند اكتشافه المفاجئ. وعلى أساس هذا التفكير، ركزت تو يو يو انتباهها على تقارير الاختبار، ويبدو أن البيانات أصبحت أكثر وضوحاً من قبل.

وفي الثامن من نوفمبر 1972، بدأ فريق البحث بحوثهم بشكل رسمي على التركيب الكيميائي للأرتيمسنين. وبعد إجراء تحليل العناصر التقليدية، تفاجأت تو يويو وزملاؤها ليجدوا أن مادة الأرتيميسينين، مقارنة مع العقاقير المضادة للملاريا القائمة على البنزين، لا تحتوي على ذرات نيتروجين، ولكنها تتكون فقط من العناصر: الكربون والهيدروجين والأكسجين. ما وجدوا صدمة الجميع. في تلك السنوات، كان الناس يعتقدون أن عامل رئيسي مضاد للملاريا هو النيتروجين. كانوا متحمسين جدا لمثل هذا الاكتشاف، ويعتقدون أنهم سيكشفون قريبا عن مركبة جديدة، وذلك سيكون اكتشافا كبيرا يستحق التسجيل في سجلات التاريخ.

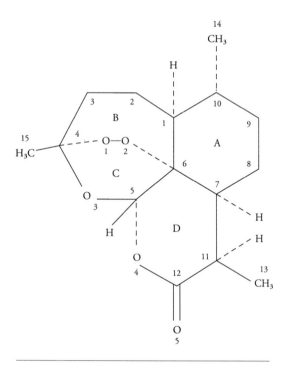

هيكل مسطح للأرتيمسنين، مستخرج من مركبة عضوية

مع مزيد من البحوث، تم الكشف عن مظهره تدريجيا: تم التحقق من الأرتيمسنين، نوعٍ من البلّورة الإبرية البيضاء بنقطة الغليان المُذيبة (156–157°C)، عن طريق التفاعل الكيميائي والاختبارات المتعددة الأخرى لتكون مركَّبة عضوية نموذجية. لا تشتمل هذه المركَّبة على النتروجين، تم تكوينها بصيغة من $C_{15}H_{22}O_5$ بوزن جزيئي لـ282. وتم تحديد "هويتها" أيضا تحت رعاية وتحليل الأستاذ لين تشي شو: كانت دواءً ضد الملاريا في هيكل جديد ينتمي إلى لاكتون سيسكيتربين.

تيربينويدس:

لاكتون سيسكيتربين؟ ما هي الخصائص التي تتسم بها تيربينويدس؟

تيربينويدس عبارة عن فئة كبيرة ومتنوعة من كيمياءات عضوية طبيعية مع الأنشطة البيولوجية المتسعة. وفي الوقت نفسه، توجد هذه الكيمياءات في المركبات النشطة الفسيولوجية للأعشاب الصينية المنتشرة في العالم الطبيعي. مع هيكل كيميائي بسيط، تم وضعه بذرات كربونية خمس، كمثل "هيكل عَظمى"، وهذه عادة البوليمرات أم مشتقات الإيزوبرين (C_5H_8). يمكن تبويب تيربينويدس بشكل عام وفق عدد وحدات الإيزوبرين، كأمثال المونوتيريبنويدس(Monoterpenoids)، سيسكي تيريبنويدس (Sesquiterpenoids) ، وديتيربينويدس(Deterpenoids) . ترجع المركبات العضوية إلى الملح العضوي الدوري بإزالة جزء مائي من الهيدروكسيل (OH-) والكربوكسيل (COOH-). مشتقات المركبة العضوية البسيطة المتوفرة في عشبة الشيح الحولي لديها وظائف تقوية العضلات القلبية ووقاية الورم والحساسية والتسكين، وما إلى ذلك. ذلك، ينتمي أرتيميسينين بشكل طبيعي إلى نوع واحد من اللاكتونات سيسكيتربين.

هيكل ثلاثي الأبعاد:

بالإضافة إلى الهيكل المسطح، سوف نحدد هيكلها الثلاثي الأبعاد". في عام 1973،

بدأ معهد المواد الطبية الصينية إعداد مشروع بحثي لتحديد الهيكل الثلاثي الأبعاد للأرتيمسنين. وفي عام 1974، أخذت تو يو يو المعلومات المعنية إلى معهد شانغهاي للكيمياء العضوية، لزيارة الأستاذ ليو تشو جين، الذي كانت لديه خبرات بحثية غنية على سيسكيتربينس. وزّع معهد المواد الطبية الصينية مسؤوليات البحث على النحو المذكور فيما يلي: كان على ني مو يون أن يستفيد من قدرات معهد شانغهاي للكيمياء العضوية لإجراء بحوث أخرى؛ بينما كان على تو يو يو أن تتولى مسؤولية التعاون مع معهد الفيزياء الحيوية بالأكاديمية الصينية للعلوم في بكين، لزراعة البلورة المطلوبة من قبل البحوث وتوفير البيانات المعنية.

وفي أواخر عام 1974، أجرت الأكاديمية الصينية لعلوم الطب الصيني بالتعاون مع معهد الفيزياء الحيوية بالأكاديمية الصينية للعلوم تحديد هيكل الأرتيمسنين عن

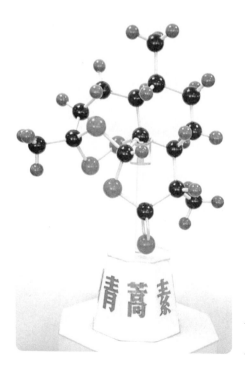

هيكل ثلاثي الأبعاد للأرتيمسنين

طريق منهج انكسار الأشعة السينية. ويعود انكسار الأشعة السينية إلى منهج تحديد مسار الأشعة السينية المنعكسة من قبل ذوات الكربون والهيدروجين والأكسيجن في البلَّورات. ويتم تحديد المسار المنعكس بطبيعة الذرات. ويستطيع التجريبيون تحكيم وتحليل الذرات المختلفة المتواجدة في البلَّورات عن طريق المسار المنعكس للأشعة السينية، وهكذا يمكن تحديد الهيكل الذري لكل بلَّور.

وفي 30 نوفمبر 1975، تم الانتهاء من عمل انكسار الأشعة السينية الأساسي بسلاسة، وتم تحديد الهيكل الكيميائي للأرتيمسنين ابتدائيا. ولأجل التأكد من صحة الهيكل الكيميائي للأرتيمسنين، استعرض الباحثون بيانات انكسار الأشعة السينية بعدما تواصلوا مع الأستاذ ليانغ شياو تيان. ونهيائيا، حددوا هيكل الأرتيمسنين.

وفي 26 يناير عام 1976، توجهت تو يويو ولي بنغ في من معهد الفيزياء الحيوية إلى معهد شانغهاي للكيمياء العضوية للإبلا غ عن حال تحديد هيكل الأرتيمسنين. وفي اليوم التالي، أعد لي بنغ في تقريراً عن كيفية تحديد الهيكل الكيميائي للأرتيمسنين بمنهج انكسار الأشعة السينية. وشارك تشو وي شان، ووو يوي لين، ووو تشاو هوا وغيرهم من الخبراء في الاجتماع. وأجروا تحليلا مفصلا ونقاشا مباشرا. بعدما التوصل إلى توافق، أبلغ معهد الصين لعلوم الطب الصيني عن الإنجازات المتعلقة بالاجتماع إلى لجنة الحزب لوزارة الصحة. وفي تلك اللحظة، تم تأكيد هيكل ثلاثي الأبعاد للأرتيمسنين أخيرا. وفي عام 1976، قدمت الأكاديمية الصينية لعلوم الطب الصيني الوثيقةَ رقم 17 بشأن نشر المعلومات حول تحديد هيكل الأرتيميسينين إلى قادة وزارة الصحة لطلب تعليمات حول ما إذا كان يمكن نشر نتائج البحوث المعنية.

ونهائيا، تم نشر المقالة بعنوان "نوع جديد سيسكيتربين – الأرتيميسينين" بموافقة وزارة الصحة في المجلة الصينية العلمية في شهر مارس 1977، وسرعان ما اجتذبت المقالة انتباه الأوساط العلمية في الداخل والخارج، وتم إدراج الأرتيمسنين في الملخصات الكيميائية للسجل المختص بالولايات المتحدة.

مراعاةً للمتطلبات السرية وطبيعة العصر، نُسِب تأليف المقالة إلى "الفريق التعاوني لبحوث هيكل الأرتيمسنين". وهكذا جعل الأرتيميسينين ظهوره الأول لبقية العالم، ولكن المكتشف الرئيسي وعدد لا يحصى من المشاركين في عملية الاكتشاف لا تزال غير معروفة للعالم لسنوات عديدة بعد ذلك.

١٧

تعديل اسم عشبة الشيح الحولي

مع الأنواع النباتية المختلفة المتعددة في الأسواق المحلية يتم بيع جميعها كـ"عشبة الشيح الحولي، ميَّز فريق تو يو يو، بعد اكتشاف الأرتيمسنين، جميع أنواع عشبة الشيح الحولي بدقة، ونهائيا، فصل منها ستة أنواع، يمكن أخذها بعين الاعتبار للاستخدام.

لتطوير الأرتيمسنين بشكل أفضل، أجرت تو يو يو بحوثاً على عشبة الشيح الحولي العشبة الطبية المشتملة على الأرتيمسنين. استطلعت عشبة الشيح الحولي في الأسواق الدوائية في المناطق المختلفة بالصين، وجمعت عشر دفعات لمواد عشبة الشيح الحولي للبحوث التجريبية. تضمنت العملية البحوثَ الدوائيةَ حول الوظائف خافضة الحرارة، والمضادة للالتهابات والمسكنة للألم والمضادة لجراثيم عشبة الشيح الحولي، وكذلك البحوث حول زراعة عشبة الشيح الحولي وتنميتها. كما أن مختبر تو يو يو حاول تحسين عشبة الشيح الحولي عن طريق التربية الفضائية.

ما عشبة الشيح الحولي؟:

لقد كان شكّك تشاو يو هوانغ، أستاذ تو يو يو في الكلية، في أنواع عشبة الشيح الحولي النامية في بكين خلال عامي 1934–1937.

أشار أحد الباحثين اليابانيين مرة واحدة في تقرير إلى أن "عشبة الشيح الحولي المدرجة في خلاصة وافية من المواد الطبية تشابه سيسيلي المشتركة (نبات ذو أزهار بيضاء وأوارق فائحة). ووجد عن طريق بحوث طويلة الأمد أن عشبة الشيح المستخدمة للدواء في بكين مختلفة عن عشبة الشيح المنضمة إلى خلاصة وافية من المواد الطبية. صحّحت الجهود المتواصلة لتشاو خطأ تسمية أرتيميسيا أبياسيا هانس كعشبة الشيح الحولي في النشرة الطبية الرسمية الصينية (1963–1977). لقد أكّد الباحثون اليوم، بما فيهم تشن تشونغ مينغ أن أرتيميسيا أبياسيا هانس ينبغي أن تكون سيسيلي المشتركة، وينبغي ألا يتم وضعها في باب عشبة الشيح الحولي، وقد تأكدت الجهود المبذولة لتشاو يوي هوانغ نهائيا.

ستة أنواع لعشبة الشيح الحولي:

مع الأنواع النباتية المختلفة المتعددة في الأسواق المحلية يتم بيع جميعها كـ"عشبة الشيح الحولي، ميَّز فريق تو يو يو، بعد اكتشاف الأرتيمسنين، جميع أنواع عشبة الشيح الحولي بدقةٍ. ونهائيا، فصل منها ستة أنواع، يمكن أخذها بعين الاعتبار للاستخدام.

عشبة الشيح الحولي:

لشهرتها فيما بين الجمهور، لها أسماء مشوِّقة وجميلة عند الصينيين، أمثال: تشوهاو، شيانغهاو، تساوهاو، تشينغهاو، تشوتشينغهاو، شيانغتشينغهاو، شيياهاو،

تساوهاوتسي. ولكونها–إن صح التعبير– من الأعشاب الفصلية، تنمو أصلا في الحقول على التلال وفي جوانب الشوارع والأنهار. في جميع أنحاء الصين، فمن الممكن العثور على فناء مليئة بعشبة الشيح الحولي تنبعث من رائحة حلوة.

سيسيلي المشترك:

خلافا لاسمها، أنها ليست مشتركة. فإنها لطيفة وناعمة في ظاهرها، تفضِّل أن تنمو في الأراضي الرملية وفي سواحل الأنهار والبحار، وبوجه مخصوص في شمال شرق الصين وجنوب الصين وجنوب غرب الصين.

أرتيميسيا سكوباريا:

هذا نوع من النباتات الفصلية للأعشاب الخالدة مع النشاط المهيمن، يغمس رأسه عموديا ومحوريا، وله جذور مخروطية الشكل ضاربة إلى أعماق الأرض. وتمثيلا للصرامة، يُفضِّل أرتيميسيا سكوباريا بيئة قاسية، مثلا على جانبي الخنادق وعلى الأتلال، والأراضي الحصبائية، والتراب المِلحية القلوية.

أرتيميسيا كابيلارين:

هذه عشبة خالدة، كمثل "حرش صغير" في أسرة عشبة الشيح الحولي، لها ساق جذري مخروطي نادر، وطالما تنمو بشكل غير مباشر. تُفضِّل الشواطئ، والسواحل، والأراضي الرملية على جانبي الأنهار في المقاطعات الساحلية الشرقية والجنوبية بالصين، وبعضها تُفضِّل أن تنمو في الأتلال والمناطق البحرية.

أرتيميسيا جابونيكا:

هذه "الذروة الأولى" لأسرة عشبة الشيح الحولي، ونوع من الأعشاب الأبَدية بطول 50–150سم. والغصون على الجزء الأعلى للشجرة تنتشر كمثل الحلقات.

أرتيميسيا إريوبودا:

لكونه مختلفاً عن أرتيميسيا جابونيكا، أرتيميسيا إريوبودا كمثل "لوبيا ذهبية صغيرة" في أسرة عشبة الشيح الحولي"، طوله فقط 30–70 سم، ولكنه مستقيم على طوله، يُفضِّل أن ينمو في عنقود، ولكنه بين الفينة والفينة ينمو على حدة أيضا. والأشعار الغامضة المكثفة هي التي تغطي جذوره.

وجدت تو يو يو عشبة الشيح الحولي المستخدمة لاستخلاص مادة "الأرتيمسنين" صدفةً على جانبي شارع ضواحي مدينة بكين. وتم التأكد من أنها عشبة الشيح الحولي الأصيلة بعد عملية تحديد حذِرة. قالت تو يو يو، ذات مرة، "ربما هذه مفتاح النجاح". وسرعان ما مرت هذه العشبة التي وجدتها تو يو يو بعملية الاستخلاص في أنبوب الاختبار: وعن طريق عملية معقدة، تم استخلاص مادة "الأرتيمسنين" بنجاح.

١٨

كل يبدي شجاعته الخاصة

دفع التأثير العلاجي المتفوق والهيكل الخاص للأرتيمسنين، الباحثين الأجانب والمحليين على البحث الكثير عن المكونات الكيميائية. وحتى الآن، لقد تم فصل أكثر من 170 من المقومات، وتم تطوير أنواع متعددة من الأدوية المضادة للملاريا، وكل منها يظهر شجاعته في الساحات المعركية ضد الملاريا.

الأرتيمسنين:

في المجال الصيدلي، لم يُزوِّد تحديد الهيكل الكيميائي للأرتيمسنين البشرية بمعرفة مركَّبةٍ جديدةٍ فحسب، بل أيضا أول دواء مضاد للملاريا فعالا.

في عام 1979، فازت الأرتيمسنين الجائزة الوطنية للاختراع.

وفي عام 1986، نالت الأرتيمسنين أول شهادة من الدرجة الأولى للدواء الجديد [(1986) الرقم X–01] بعد تطبيق أحكام موافقة الدواء الجديد. وأصبحت الأرتيمسنين الدواء المبتكر الوحيد، الذي منشؤه الصين، والذي اعترفت به الأوساط العالمية، وتمت

الإشادة به أنه "نموذج للتطور الدوائي الجديد من الطب التقليدي الصيني".

新药证书

编号：(92)卫药证字X-67号

中国中医研究院中药研究所：

你单位研制的新药＿＿＿＿，根据《中华人民共和国药品管理法》，经审查，符合我部颁发的《新药审批办法》的规定，特发此证。

中华人民共和国卫生部

شهادة الدواء الجديد للأرتيمسنين.

وفي عام 1981، عقد في بكين مؤتمر "الأرتيميسينين ومشتقاتها" الذي استضافه برنامج الأمم المتحدة الإنمائي وفريق العمل الكيميائي لمكافحة الملاريا التابع لمنظمة الصحة العالمية. وفي هذا المؤتمر المهم، قيَّم الممثلون المشاركون الأرتيمسنين تقييماً نقدياً وثمَّنوها تثمينا.

مؤتمر "الأرتيمسنين ومشتقاتها" المنعقد من قبل فريق العمل الكيميائي لمكافحة الملاريا التابع لمنظمة الصحة العالمية في بكين.

ديهيدروارتيميسينين:

دفع التأثير العلاجي المتفوق والهيكل الخاص للأرتيمسنين، الباحثين الأجانب والمحليين على البحث الكثير عن المكوّنات الكيميائية. وحتى الآن، لقد تم فصل أكثر من 170 من المكونات، وتم تطوير أنواع متعددة من الأدوية المضادة للملاريا، وكل منها يظهر شجاعته في الساحات المعركية ضد الملاريا.

وفي عام 1973، اكتشفت تو يو يو وفريقها للمرة الأولى، أثناء البحوث الإضافية على الأرتيمسنين ومشتقاتها في معهد المواد الطبية الصينية، مشتقةً للأرتيمسنين-"ديهيدروارتيميسينين"، بصيغة جُزَيئية من ($C_{15}H_{24}O_5$) وبالجرم الجزيئي النسبي لـ 284.

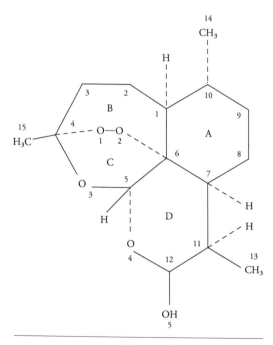

هيكل ديهيدروارتيميسينين

وبعد ذلك، في الدراسات المتواصلة عن الأرتيمسنين ومشتقاتها، قاموا بتوليف مشتقات ثلاثة من الأثير، وعشرة من الملح العضوي على أساس ديهيدروارتيميسينين. وفي هذه العملية، برهنت تو يو يو وزملاؤها على أن البيروكسيد يشكل المجموعة الرئيسية الفعالة المضادة للملاريا في هيكل الأرتيمسنين عن طريق عدد كبير من فعالية اكتشافات الملاريا القارضة.

استطاعت المشتقات الخاصة أن تقوم بتحسين فعالية الأرتيمسنين بشكل كبير، مادامت المجموعة الفعالة للبيروكسيد محفوظة".

ومن ثم، أصبحت ديهيدروارتيميسينين "معجونات حلوة" في الاجتماع التعاوني الوطني لمكافحة الملاريا المنعقد في عام 1975. وبالعلاقات بين الهيكل والفعالية، التي حدّدها فريق تو يو يو، تحمل ديهيدروارتيميسينين إمكانية أن تصبح دواءً جديداً مضاداً للملاريا. وفي السنوات السبع التالية، أصبحت ديهيدروارتيميسينين، أيضا، دواءً جديداً آخر من الدرجة الأولى، ذات الحقوق الامتيازية المستقلة عن طريق البحوث المستمرة والتحسين والإتقان، كما أنها إحدى الفائزات بالجوائز الوطنية لأفضل الإنجازات العلمية العشر لعام 1992.

新药证书

原始编号：CX98142　　证书编号：国药证字H20030341

根据《中华人民共和国药品管理法》，经审查，下述药品符合新药的有关规定，特发此证。

药品名称：双氢青蒿素栓

主要成份：双氢青蒿素

持有者：中国中医研究院中药研究所

中华人民共和国 国家药品监督管理局 药品注册专用章

日

شهادة الدواء الجديد للبوس ديهيدروارتيميسينين

وبالإضافة إلى فريق تو يو يو الذي طوَّر ديهيدروارتيميسينين، أجرت العديد من المعاهد الدوائية البحثية الأخرى أيضا، بحوثاً حول الأدوية المؤسسة على الأرتيمسنين، ونجحت في تطوير العديد من الأدوية الفعالة.

新药证书

编号：(92)卫药证字X-67号

中国中医研究院中药研究所：

你单位研制的新药双氢青蒿素片，根据《中华人民共和国药品管理法》，经审查，符合我部颁发的《新药审批办法》的规定，特发此证。

中华人民共和国卫生部

شهادة الدواء الجديد لحبوب ديهيدروارتيميسينين

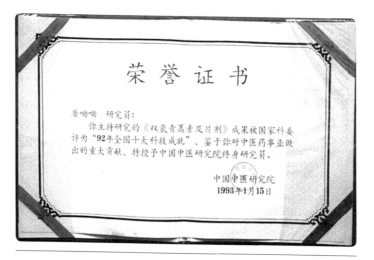

荣誉证书

屠呦呦 研究员：

你主持研究的《双氢青蒿素及片剂》成果被国家科委评为"92年全国十大科技成就"，鉴于你对中医药事业做出的重大贡献，特授予中国中医研究院终身研究员。

中国中医研究院

1993年1月15日

كانت تو يو يو الفائزة بالجوائز الوطنية لأفضل الإنجازات العلمية العشر لعام 1992، عينت باحثةً مدى الحياة من قبل الأكاديمية الصينية لعلوم الطب الصيني.

كان مشروع ديهيدروارتيميسينين وحبوبها فاز"بالجوائز الوطنية لأفضل الإنجازات العلمية العشر لعام 1992".

الأرتيميثير الشائعة:

وفي أواخر 1975، اكتشفت تو يو يو وفريقها نهائيا هيكل الأرتيمسنين: هيكل نادر مع خمس ذرات من الأكسيجن في جزء متصل بواسطة كيتال، أسيتال ولاكتون، وهو الأساس المادي لعلاج الملاريا. ولكنه يعاني من الذوبانية الضعيفة أثناء التجارب السريرية.

وفي عام 1976، بدأ معهد شانغهاي للمواد الطبية يبحث عن مركبة الأرتيمسنين الجديدة من الفعالية العالية والذوبانية عن طريق التحول الهيكلي. وفي عام 1977، اختار المركب الأثيري"أي أم 224" - "الأرتيميثير" بين عشرات من المركبات الأخرى. تناسب الأرتيميثير مع خصائصها الكيميائية الثابتة، بأن تؤخذ كحقنة زيتية. وفي عام 1977، بدأت التجارب السريرية للأرتيميثير، وتم إجراء التجربة السريرية

الأولى على 17 مريضا في مقاطعة هاينان، وحققت تأثيرات ممتازة. وفي السنوات الثلاث اللاحقة، عالجت الأرتيميثير 1,088 مريضا للملاريا من مناطق مختلفة في هاينان ويوننان وقوانغشي وخنان وهوبي وغيرها من المقاطعات. وحققت 100٪ من معدَّل الشفاء في معالجة المرضى المصابين بالملاريا المِنجَلية.

وفي التطبيق السريري، الأرتيميثير تحظى بشعبية كبيرة بين المرضى والعاملين في المجال الطبي. وبالإضافة إلى التأثير الشفائي الثابت للملاريا المِنجَلية المقاوِمة للكلوروكين، نادراً ما تتسبب في الألم ما بعد الحقنة.

الأرتيسونات الفعالة:

في عام 1977، في مقاطعة قوانغشي الغنية في موارد عشبة الشيح الحولي، بدأ المصنع الدوائي بمدينة قويلين في مقاطعة قوانغشي أيضا، بحوثاً حول مشتقات الأرتيمسنين. وتبعا للمبادئ التوجيهية لمعهد شانغهاي للمواد الطبية، ركَّب المصنع الدوائي بقويلين وجامعة قوانغشي للطب ومعهد قوانغشي للأمراض الطفيلية باشتراك أكثر من عشر مشتقات للأرتيمسنين، وكانت المشتقة رقم 804 فعالية الأكثر تميزا.

أقيم فريق بحثي تعاوني لمشتقات الأرتيمسنين في قوانغشي لإجراء تحليل عنصري، وتحديد الهيكل الكيميائي مع التحليل الطيفي الشعاعي الأحمر، والكتلة

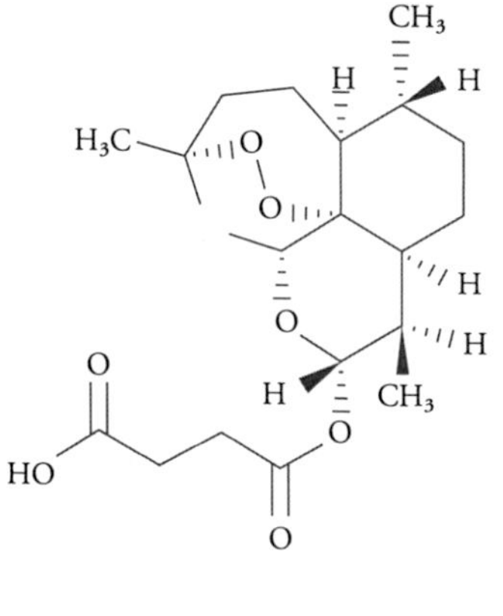

الهيكل الذري للأرتيسونات

الطيفية، ومنهج الرنين المغناطيسي النووي، كما وقد أجرى الفريق بحثاً لانحراف الأشعة السينية بمساعدة معهد الفيزياء الحيوية بالأكاديمية الصينية للعلوم. ونهائيا، تم اكتشاف الهيكل الكيميائي للمشتقات رقم 804. وفي أكتوبر 1978، بدأت التجارب السريرية على المشتقات رقم 804.

وفي عملية علاج 24 مريضا (9 مرضى مع الملاريا المِنجلية، و15 مريضا مع ملاريا الغِب)، تم استخدام فقط 300 ملغ من حقنة 804 مسحوق. ثم انتشرت مميزاتها الفعالة، السريعة المفعول، والمنخفضة السمِّيَّة في أنحاء الصين.

وفي عام 1979، سميت المشتقات رقم 804 بـ"الأرتيسونات" رسميا، ونشرت في النشرة الدوائية الصيئنية (X-01)، وحاليا تستخدم الأرتيسونات دواءً مهماً لعلاج الملاريا المُخِّية في أنحاء العالم.

الكوأرتيم:

في الثمانينيات من القرن العشرين، أصبحت البحوث التي أجرتها الصين حول الأرتيمسنين طليعة البحوث العالمية حول الأدوية المضادة للملاريا. ومن المعاهد البحثية التي أسهمت الكثير: معهد علم الأحياء المجهري وعلم الأوبئة بالأكاديمية العسكرية لعلوم الطب. ومنذ عام 1951، يشتغل كثير من المعاهد الأخرى، من هاينان إلى شانغهاي، في تطوير الأدوية المضادة للملاريا.

وفي عام 1990، أصبح معهد علم الأحياء المجهري وعلم الأوبئة، بالأكاديمية العسكرية لعلوم الطب أول معهد لتطوير الوصفات المركبة من الأرتيميثير-البنفلوميتول. يؤثر الدواء المركب البنفلوميتول ببطء، ولكنه يسمح للفوائد المتنوعة الكاملة مع الأرتيميثير، والأدوية السريعة المفعول بأن تتحقق، ومن ثم، يتولد تأثير محفّز. تم التصديق على الأرتيميثير-البنفلوميتول كدواءٍ جديدٍ بمستوى "الدرجة الأولى"، ومنحت شهادةَ الدواء الجديد ووثيقةَ الموافقة على الإنتاج في أبريل 1992 بعد

بحث معقد واختبار. وهذه أيضا أول دواء مركب مختص بالأرتيمسنين تم تطويره في الصين.

وفي يونيو عام 2009، نال فريق تطوير "الأرتيميثير–البنفلوميتول" "جائزة المخترع الأوربية"–أعلى الجوائز للاختراعات في أوروبا في عام 2009.

شارك الباحثون العلميون من أنحاء الصين في البحوث تدريجياً، وتم تطوير الأدوية الكثيرة والكثيرة المؤسسة على الأرتيمسنين، توسيعاً لعائلة الأدوية المؤسسة على الأرتيمسنين.

عائلة الأدوية المؤسسة على الأرتيمسنين (رسام: تشانغ لين هاو)

١٩

التعريف في إفريقيا

عندما كانت تحتضر، أنقذها "كوتيكسين"، الدواء الحاصل بإهمال، وتم إنقاذ جنينها أيضا بطريقة خارقة للعادة. لن تنسى تلك اللحظة أبداً، عندما نادت مولودها الطفل بـ"كوتيكسين" (COTECXIN). قالت في مقابلة صحفية: "سميت طفلي بـ"كوتيكسين" ليس لأنني أريد فقط أن أتقدم بامتناني، بل لأنني أيضا آمل أنه سوف يتوارث قوة "كوتيكسين" لتطوير كينيا، وحمايتها من التعرض للهجوم من الملاريا إلى الأبد."

بدأ يجتذب تطور الأرتيمسنين والأدويـة المؤسسة على الأرتيمسنين الاهتمامَ الشاملَ من قبل الأوساط العالمية، ولكن طريق خروج الأرتيمسنين من الصين إلى العالم لم يكن ممهداً.

زراعة عشبة الشيح الحولي:

قبل اكتشاف الأرتيمسنين، نادراً ما كانت عشبة الشيح الحولي تستخدم كدواءً،

وعندما استخدمت، كانت هي عشبة الشيح الحولي التي نشأت في البرّ أصلا. ولكن بعدما تم اكتشاف الأرتيمسنين للمرة الأولى، كان هناك زيادة في الطلب على عشبة الشيح الحولي

وخلال البحث عن موارد الأرتيمسنين على نطاق البلاد الذي جرى في السبعينيات من القرن العشرين، تم اختيار عشبة الشيح الحولي النامية على العناقيد في منطقة يوييانغ بمقاطعة سيتشوان كمواد خامة للبحوث العلمية الأرتيمسنينية والتجارب السريرية بسبب أعداد كبيرة، ونوعية عالية، ومحتوى ضخم للأرتيمسنين.

أدرك مجلس توجيه الأرتيمسنين المتأسس في عام 1978 على قيمةَ عشبة الشيح الحولي في يوييانغ، وبدأ يحمي ويطور هذا المورد المحلي. أدَّت الزيادة في الطلب على الأرتيمسنين إلى تطوير زراعة عشبة الشيح الحولي، وأصبحت عشبة الشيح الحولي في عيون المزارعين المحليين "بَيضاً ذهبياً للدجاجة". زرع المزيد من المزارعين عشبة الشيح الحولي بكل حماسة ورغبة، وهكذا، تم تشكيل صناعة زراعة إ عشبة الشيح الحولي. وفي الوقت نفسه، بدأت عملية التسويق في الصين أيضا، والتي أصبحت الخطوة الأولى في التحضير لتدويل مادة الأرتيميسينين.

إنشاء المصانع الدوائية:

على الرغم من أن مورد عشبة الشيح الحولي كان مضمونا، صار استخدام المواد الخامة على نحو واسع مستحيلا جدا بسبب تخلُّف التكنولوجيا الموجودة ومعداتها. وذلك ما أدى الحكومات المحليةَ في الصين إلى إنشاء مصانع دوائية، تُحوِّل عشبة الشيح الحولي المتراكمة إلى أدويةٍ مضادةٍ للملاريا.

وفي عام 1968، بعدما حصل معهد المواد الطبية الصينية على شهادة الدواء الجديد للأرتيمسنين، أنشأ قاعدة إنتاجية جديدة في جيشو بمقاطعة هونان، مستفيداً من النوعية المحلية العالية لعشبة الشيح الحولي، لكي يصنع الأرتيمسنين بكمية كبيرة في أسرع وقت ممكن. وسرعان ما تم إنشاء مشروع مِصفاة الأرتيمسنين–مصنع جبل

وولينغ الدوائي في يوييانغ، مسقط الرأس لعشبة الشيح البارزة. ونظراً إلى فقر مدينة يوييانغ، خصص مجلس توجيه الأرتيمسنين الأموال الخاصة وطلب من أكاديمية شانغدونغ للطب الصيني أن تشارك في المشروع، لحل أي مشكلة تتعلق بمعدات الإنتاج وتقنياته. وفي سبتمبر 1978، نجح مصنع جبل وولينغ الدوائي نهائيا في إنتاج الأدوية المؤسسة على الأرتيمسنين المصدق عليها، وهو ما يمثل إنجاز وتشغيل مصنع الأرتيميسينين الأول على مستوى طن في الصين.

ومنذ ذلك الحين، تم تطور أنواع متعددة للأدوية المضادة للملاريا المؤسسة على الأرتيمسنين، مثل: حقنة الأرتيميثير الزيتية، وحقنة الأرتيسونات المائية، وحبوب ا ديهيدروارتيميسينين، والمركَّب الأرتيميثيري-البنفلوميتولي. ومنذ عام 1985 عندما نُفِّذت اللوائح الخاصة بالتقييم الجديد للأدوية في الصين حتى عام 1995، وافقت الحكومة على مجموع 14 دواءً من الدرجة الأولى، وكانت سبعة منها أدويةً جديدةً مضادةً للملاريا مؤسسةً على الأرتيمسنين.

قصة (دي دي تي):

وفي ذلك الوقت، أولت منظمة الصحة العالمية مزيدا من الاهتمام بتأثير الأدوية المؤسسة على الأرتيمسنين في جسم الإنسان وتوازنها البيئي، على الرغم من آثارها العلاجية وآثارها الجانبية، في عملية الموافقة على كل دواء جديد. كان لباحثي منظمة الصحة العالمية قلق واحدٌ في أذهانهم، ألا وهو: دي دي تي.

دي دي تي هو نوع من مبيد الحشرات التي لعبت دورا كبيرا في منع آفات الزراعة، وتقليص الأمراض المنقولة بالبعوض، والذباب، والملاريا، وحمى التيفوئيد، في المنتصف الأول من القرن العشرين. تم اكتشاف الخصائص الحشراتية له على يد العالم السويسري بول هرمان مولير، الذي نال بجائزة نوبل في علم وظائف الأعضاء والطب لجهوده في عام 1948.

"الربيع الصامت" (Silent Spring)، كتاب ألفه راشيل كارسون، ونشر في عام

1962. تعود قصة هذا الكتاب إلى مدينة خيالية جميلة. ذات يوم، لقد كانت المدينة مغطاةً بصمت غريب، وبدأ كل جمالها يغيب، ونسب هذا الصمت إلى دي دي تي، لأنه يستخدم على نطاق واسع في الحقول في أنحاء البلاد. وعلى أساس بحوث كارسون حول استخدام دي دي تي في الحقول الأمريكي، عولج الكتاب كهجمة على دي دي تي، وواجه معارضة قوية من المزارعين، وصناع مبيد الحشرات، وغيرهم الذين نووا أن يقللوا صحة الكتاب لمصالحهم الشخصية. كان كارسون ومؤيدوه مكتئبين جدا، لأن الناس لم يدركوا التأثير الضار لمبيدات الحشرات. ولكن لم قرأ الرئيس جون كينيدي هذا الكتاب، وأمر بإجراء تحقيق في جميع مبيدات الحشرات المذكورة وصار الأمر منقلبا. وأدرك الناس أن دي دي تي سيتراكم في جثث الحيوانات، ويدخل السلسلة الغذائية، وذلك ما يتسبب في اضطرابات الجهاز التناسلي وانقراض الطيور. في الواقع، فإن الطيور الوطنية للولايات المتحدة، النسر الأصلع، انقرضت بسبب دي دي تي.

الدواء الجديد المتواضع:

آخذاً الدروس من دي دي تي، كانت منظمة الصحة العالمية أكثرَ حذرا في استعراض الأدوية الجديدة والمصدق عليها. وفي مارس 1982، قرَّر فريق العمل الكيميائي لمكافحة الملاريا التابع لمنظمة الصحة العالمية، الأرتيسونات كمشروع التنمية التفضيلية، وأرسل الخبراء إلى الصين لتفقد أحوال عملية إنتاج المصانع والنباتات الصينية. وعلى الرغم من الإعدادات الكاملة، فشل مصنع كونمينغ الدوائي ومصنعا قويلين الدوائي الأول والثاني، وحتى مصانع شانغهاي مع ظروفها الجيدة في اجتياز اختبار الممارسة الصناعية الجيدة.

وفي عام 1990، لقد غير تطوير الدواء "الكوأرتيم" كلَّ شيء. وقد قامت شركة نوفارتيس، وهي إحدى أكبر ثلاث شركات دوائية في العالم، بتجربة الصين في ذلك العام، وعرضت كل أنواع من الأدوية المؤسسة على الأرتيمسنين المضادة للملاريا لشركة نوفارتيس بالتفصيل، بما فيها عدة أدوية رفيعة المستوى مضادة للملاريا في

الصين. غير أنه نظرا لانتهاء مدة حماية البراءات بالنسبة للكثير منها، كانت شركة نوفارتيس قلقةً على إمكانية النزاعات في شهادة براءة الاختراع في البلدان الأجنبية. وبالتالي رفضت جميع الأدوية. في نهاية المطاف، كان الكوأرتيم، على الرغم من مقدمة موجزة نسبيا بالمقارنة مع غيرها من الأدوية رفيعة المستوى، تم اختياره أخيرا من قبل نوفارتيس. ولكنه لم يستطع الحصول على شهادة الدواء الجديد عندما اختارته شركة نوفارتيس.

وفي 12 ديسمبر عام 1996، وقّعت شركة نوفارتيس على اتفاقية التعاون لمدة عشرين سنة مع الصين، ثم وقعت رسميا على اتفاقية شهادة براءة الترخيص في 20 سبتمبر 2004. وفي عام 1999، نال "الكوأرتيم" شهادة براءة الاختراع في 49 بلداً ومنطقةً في جميع أنحاء العالم، وصُدّق على تسجيل الدواء في 84 بلداً ومنطقةً، ثم انضم إلى "قائمة الأدوية الأساسية" لمنظمة الصحة العالمية في السنة نفسها. وأصبح أول دواء مركب ومختص بالأرتيمسنين يمر بالمراجعة النوعية لمنظمة الصحة العالمية واليونيسيف في جميع أنحاء العالم.

Tab. COTECXIN
中国"神药"帮非洲人民抗击疟疾

الدواء الصيني الخارق للعادة ينجد إفريقيا في مكافحة الملاريا

تستخدم البلدان التي تعاني تفشي الملاريا "الكوأرتيم" بـ97٪ من المعدَّل العلاجي السريري، كدواء الخط الأول. وهو دواء مقبول عالميا مع فعالية أجود في علاج الملاريا المقاومة للأدوية. وأحد الأدوية الثلاثة ذات شهادة البراءة والمندرجة في "قائمة الأدوية الأساسية" لمنظمة الصحة العالمية على مدى السنوات الـ 25 الماضية.

كوتيكسين السحري:

في القارة الأفريقية الشاسعة، خلقت ديهيدروارتيميسينين معجزة الخاصة بها. ودخل "كوتيكسين"، نوع من أدوية ديهيدروارتيميسينين، الذي طوَّرته "شركة بكين هولي كوتك الدوائية المحددة" كينيا في أكتوبر عام 1993. ولكونه مختلفا عن "الكوأرتيم" تم توزيع ديهيدروارتيميسينين عن طريق الشراء الخاص، وتم ترويجه عن طريق استخدام عامة الناس.

وفي الفترة من أكتوبر 1993 إلى 1999، أصبح كوتيكسين أسطورة مضادة للملاريا في كينيا. وحاليا، 80٪ من سكان كينيا يعرفون كوتيكسين، حتى سائقي السيارات، والمزارعين العاديين يصدقون عليها عند ذكره.

بالنسبة للكينيين، فإن شعورهم تجاه "كوتيكسين" هو أبعد من الامتنان. وكان هناك تقرير في عام 2001 عن طفل مولود في منطقة جبلية فقيرة في العاصمة الكينية نيروبي؛ فإن والداه الذين شفيوا من الملاريا لم يتلألأوا بتسميته، بدلا من ذلك، نادته أمه في النظرة الأولى بـ"كوتيكسين"، كوتيكسين، كوتيكسين".

"كوتيكسين" اسم تجاري للدواء المضاد للملاريا، وهو الدوء نفسه، الذي يعرف بـ"ديهيدروارتيميسينين".

وفي تلك السنوات، كانت الملاريا تهجم على النسوة الحاملات الضعيفات بوحشية في كينيا. وقد ماتت أجنة كثيرة في الأرحام بمناطق أخرى للقارة الإفريقية. والأم التي تأنف ذكرها الآن، كانت تعاني من الملاريا بشدة، ولكن "كوتيكسين" هو الذي أنقذ حياتها. وبطريقة خارقة للعادة، تم إنقاذ جنينها أيضا. لن تنسى تلك اللحظة

أبداً، عندما كانت متمكنة من أن تنادي مولودها الطفل بـ"كوتيكسين" (COTECXIN).
قالت في مقابلة صحفية: "سميت طفلي بـ"كوتيكسين" ليس لأنني أريد أن أتقدم
بامتناني فقط، بل لأنني، أيضا، آمل أنه سوف يتوارث قوة "كوتيكسين" لتطوير كينيا،
وحمايتها من التعرض للهجوم من الملاريا إلى الأبد."

"ومنذ مطلع القرن الحادي والعشرين، أصبحت الأدوية المؤسسة على
الأرتيمسنين مختارة على نطاق واسع لمكافحة الملاريا، لقد أنقذت
الأرتيمسنين نفوسا لا تحصى، ومنعت من التمزق عوائل لا تعد. وحتى الآن،
لا يعلم أحد من كان أول من اكتشفها.

٢٠

البحث عن المكتشف

من أجل الأسباب التاريخية، الأوراق والتقارير المنشورة في ذلك العصر، تعطي الإسهامات الجماعية أهميةً أكثرَ مما تعطي الإسهامات الفردية، كانت جهود تو يو يو غير معروفة لمدة طويلة من الزمن، مما أدى ذلك إلى حدوث خلافات في دورها الحقيقي الأصيل فيما بعد.

استنكار واختلاف:

في يونيو عـام 1996، تلقت تو يو يو رسالةً من مؤسسة تشيوشي للعلوم والتكنولوجيا، التي كانت اختارتها كفائزة من الفائزين العشرة لـ"جائزة الإنجازات العلمية والتكنولوجية الجماعية البارزة–جائزة الأرتيمسنين"، ودعتها لإلقاء خطاب مدته خمس عشرة دقيقةً في حفل توزيع الجائزة كالمتحدثة الرئيسية للحفل. فأجابت تو يو يو عن هذه الرسالة شخصيا متقبلةً الدعوة، ومثمِّنةً الأهمية الكبرى لها، وأعدت الخطاب الرئيسي بكل رغبة.

وفي الحفل المنعقد في 31 أغسطس، تحدثت تو يو يو عن عن مسار تطوير

الأرتيميسينين وديهيدروتيميسينين على الترتيب الزمني. ومن غير متوقع، وقف عالم مما بين الحضور، أثناء خطابها، واستنكر كلماتها قائلا: "هل تم اكتشاف الأرتيمسنين على يدك"؟ ورؤساء مكتب "مشروع 523" موجودون هنا.....". والشيء الذي كان يعنيه هو أن منهج علاج الملاريا بعشبة الشيح الحولي مسجل في التاريخ من الزمن القديم، وليس هو مما اكتشفته وحدة أم فرد. وفجأةً، صار الجو متوترا تماما......

لا نستطيع أن ندري، بكل تأكيد، كيف كانت تو يو يو أحست عند مغادرته المنصة في تلك اللحظات، ولكن، من دون ارتياب، كان ذلك أمرا صاعقا عليها.

ومن أجل الأسباب التاريخية، الأوراق والتقارير المنشورة في ذلك العصر، تعطي الإسهامات الجماعية أهمية أكثر مما تعطي الإسهامات الفردية، كانت جهود تو يو يو غير معروفة لمدة طويلة من الزمن، مما أدى ذلك إلى حدوث خلافات في دورها الحقيقي الأصيل فيما بعد.

اكتشاف ميلير:

أصبحت الفعالية المتفوقة للأرتيمسنين على ساحة المعارك العالمية المضادة للملاريا واضحة، واجتذبت اهتمام لويس ميلير، أحد الأكاديميين في الأكاديمية الوطنية الأمريكية للعلوم، وأحد الخبراء المشغولين في البحوث المضادة للملاريا منذ أكثر من خمسين سنةً. وأهم من ذلك، أنه له الحق في ترشيح الفائزين بجائزة نوبل.

وفي عام 2007، ذهب ميلير إلى شانغهاي لحضور اجتماع حول الملاريا وأسباب عدواها مع سو شين تشوان، العالم الكبير في المعهد الوطني للصحة. وفي الاجتماع، ظل ميلير يسأل: من اكتشف الأرتيمسنين؟ وكيف تم اكتشافها؟ ولكن لم يستطع أحد الإجابة عنه. كان ذلك أمراً غير متوقع لدى ميلير، لأنه لم يستطع أن يؤمن بأن حتى واحد منهم غير مطلع على من أنجز هذا الاكتشاف العظيم.

ذكرت وكالة شينخوا للأنباء ما وصفه سو شين تسوان في مقابلة صحفية: ذات يوم، ذكر ميلير، أثناء محادثته مع سُو على مائدة الغداء، أن الأرتيمسنين اكتشاف

مهم، وتستطيع مبارزة الاكتشافات الأخرى لجائزة ما. سكت سُو، ثم تفوه: "ربما جائزة نوبل"، فوافق عليه ميلير بعدما فكر قليلا. وفي تلك اللحظة، عزم ميلير على أن يبحث ويرشح مكتشف الأرتيمسنين لدى لجنة جائزة نوبل.

من ينبغي أن يعود فضل اكتشاف الأرتيمسنين إليه؟ لم يكن الرد على هذا السؤال معلوما. وعندما خاض ميلير وسُو أغوار تاريخ الاكتشاف، ولم يأت ذكر المكتشف في الأوراق البحثية ولا في التقارير المتعلقة بالموضوع بـ"الاسم". ولكن التاريخ تاريخ، والحقيقة حقيقة، ولا يتسنى للوثائق التاريخية، والسجلات التجريبية إخفاء الحقائق في العقود السالفة.

ولما بحثا عنه في المواد التاريخية ظهر لهما اسم "تو يو يو" مثل فلق الصبح.

تو يو يو وميلير (الثاني من اليسار)

مفخرة لتو يو يو:

كانت أصدرت غرفة الإعلام مقالةً، في عام 2011، عرّفت بالأرتيمسنين وإسهامات تو يو يو بعنوان: "الأرتيمسنين: اكتشاف من الحديقة الأعشابية الصينية". ذكرت بقدر من التفصيل نشأة مكتب"مشروع 523"، وعملية اكتشاف الأرتيمسنين، والتجارب السريرية الأخيرة. في نهاية المطاف، أعرب عن أنه في حين أنه بينما كانت تحديات مكافحة الملاريا عسيرةً، كان اكتشاف الأرتيمسنين على أيدي تو يو يو، وزملائها الكثيرين في الأوساط العلمية الصينية أملاً كبيراً، وإنجازاً عظيماً في تاريخ الطب الحديث.

كتب لويس ميلير وسو شين تشوان هذه المقالة لترشيح تو يو يو لـ"جائزة لاسكر–ديباكي للبحوث الطبية السريرية لعام 2011"، لكونها–إن صح التعبير– أكبر جائزة موقرة في علوم الطب الحيوي في الولايات المتحدة، كانت تمهيدا لـ"اكتشاف جائزة نوبل" في الأوساط الطبية العالمية. وفي الحقيقة، لقد تمكّنت النسبة الكبيرة للفائزين بجائزة لاسكر من الفوز بجائزة نوبل.

وبكل تأكيد، قُدِّمت جائزة لاسكر–ديباكي للبحوث الطبية السريرية إلى السيدة تو يو يو، لأن اللجنة تعتقد أنها كانت أول من اقترح الأرتيمسنين للبحوث الجادة في "مشروع 523"، وهي أول من استخلص الأرتيمسنين بمئة بالمئة (100٪) من معدّل الكبح، كما وهي أول من أجرى التجارب السريرية.

في عام 2011، توجهت تو يو يو إلى الولايات المتحدة، وتكرّمت بالشرف الذي كانت تستحقه. وبعد ذلك، ظل يدرج لويس ميلير كل سنة اسم تو يو يو في قائمة الترشيح الذي قدمه إلى لجنة جائزة نوبل.

٢١
الفوز بجائزة نوبل

....تتحمل الجائزة أيضا قرارَها الثابت للتجربة الدوائية الشخصية، وقلقَها وأسفَها اللذين جرَّبتهما، عندما رفضت ابنتها الصغيرة أن تناديها بـ"الأم" بعد فراق طويل، وتوجعَ مرض الكبد الناجم عن الأثير، وعدداً لا يحصى من الأيام والليالي التي أمضتها في المختبر....."

"لو أنني لقد رأيت أكثر مما رآه الآخرون، لكان ذلك لأنني أقف على أكتاف العمالقة".

– إسحاق نيوتن

خلف الميدالية:

بعدما فازت تو يو يو بجائزة نوبل، بادر الإعلام المتعدد إلى أن يعرض التقرير عن هذا التكريم، ولكن تو يو يو باتت هادئة تماماً. فإنها نسبت جميع هذه الإنجازات إلى جهود مشتركة لفريقها، وإلى الرائدين على الطريق المضاد للملاريا.

وكان من بين هؤلاء الرائدين روس الذي اكتشف دورة حياة معقدة من بلاسموديا، ولافيران الذي اكتشف بلاسموديا وإجراء البحوث على ذلك؛ مثل كثيرين قبلهما وبعدهما، كانا قد استخدما سلاح العلم لاستكشاف العالم المجهول.

تو يو يو وتلميذتها يانغ لان في المختبر

كأن الميدالية التي تكرمت بها تو يو يو تعبير عن أحلامها في طفولتها، وسجل لشبابها المشغوف بالمعرفة الذي أمضته في مكتبة جامعة بكين، وكذلك، تتحمل الميدالية ضغوطها الضخمة وإحساسها القوي بالمهمة، بدءاً من مشاركاتها في "مشروع 523"، وانفعالها عندما نجحت في استخلاص الأرتيمسنين للمرة الأولى بالأثير على درجة الحرارة المنخفضة.

وحقا، تتحمل هذه الميدالية أيضا قرارَها الثابت للتجربة الدوائية الشخصية، وقلقَها وأسفَها اللذين جرَّبتهما، عندما رفضت ابنتها الصغيرة أن تناديها بـ"الأم" بعد فراق طويل، وتوجعَ مرض الكبد الناجم عن الأثير، وعدداً لا يحصى من الأيام والليالي

التي أمضتها في المختبر، بالإضافة إلى البسمات والثقة في عيون المرضى المصابين بالملاريا، والذين برئوا بالأرتيميسنين.

لماذا الميدالية لها؟:

لماذا تو يو يو هي التي أوصيت بالتكرم بجائزة نوبل؟

كما ذكر غوران ك. هانس سون، سكرتير لجنة جائزة نوبل لعلم وظائف الأعضاء أو الطب: تم الاكتشاف على يد فردٍ، بل ليس منظمة. في مثل هذا العصر حيث المنظمات والمؤسسات لديها قوة كبيرة وأصبحت أكثر أهمية، فمن المهم تحديد الأفراد الذين يمتلكون الإبداع الحقيقي الذين غيروا مجرى العالم.

وكما هو مذكور، في عام 2011، قُدِّمت جائزة لاسكر-د باكي الطبية السريرية البحثية، الجائزة الموقرة في علوم الطب الحيوي إلى السيدة تو يو يو، لأن لجنة الجائزة تعتقد أنها كانت أول من اقترح الأرتيمسنين في "مشروع 523"، وأول من استخلص مادة الأرتيمسنين بمئة بالمئة من معدل الكبح، وأول من أجرى التجارب السريرية، وكلٌّ مِن هذه الإنجازات الثلاثة يُمكِّن تو يو يو من الفوز بالجائزة.

وفي الواقع، عندما اقترحت تو يو يو الأرتيمسنين لفريق المشروع، أصبحت رائدة في طريق "البحوث المضادة للملاريا عن طريق عشبة الشيح الحولي".

في صباح الرابع من ديسمبر عام 2015، تمتع سكان بكين بسماء صافية زرقاء، المنظر النادر في موسم الضباب. ففحصت تو يو يو أمتعتها بعناية، وارتدت معطفاً أسودَ، وغادرت بمصاحبة زوجها لي يتنغ تشاو إلى المطار. كانت ترددت في قبول الجائزة، ونهائيا قررت هذه المرأة البالغة خمسا وثمانين سنة من عمرها أن تقبلها، وكما قال زملاؤها: كانت هذه الجائزة شرفا عظيما للبلاد. وظل العامل الصارم في جميع قراراتها وخياراتها المهمة في عملها البحثي هو أن تخدم البلاد.

الخَاتمة

في العاشر من ديسمبر عام 2015، عندما تقبَّلت السيدة تو يو يو الميدالية في حفل توزيع جائزة نوبل، كنا فخورين بها، وكذلك كنا معتزين بأننا صينيون.

نود أن نقدم إجلالنا الكبير إلى السيدة تو يو يو عن طريق هذا الكتاب، وأن نعبر، بطريقة موضوعية قدر الإمكان، عن عملية نموها بوصفها عالمةً صينيةً ولدت في الثلاثينيات من القرن العشرين، تعيش خلال الحرب والأوقات المضطربة بعد تأسيس الصين الجديدة. كما وقد حاولنا أن نرسم طفولتها، وحياتها المدرسية بطريقة موضوعية. وكذلك، تحدثنا عن أولئك الأشخاص، والأحداث التي دفعتها إلى الانشغال في بحوث علمية، والخيارات التي غيرت مجرى حياتها، ومصادر القوة التي دعمت مثابرتها على البحوث.

نتقدم بالشكر إلى جميع أعضاء الفريق لمساهماتهم في تأليف الكتاب، وكتابته، وترتيبه، ومراجعته، وطباعته، وتسويقه. ونشكر تلميذَي تو يو يو: السيد وانغ مان يوان، والسيدة يانغ لان لمساعدتهما في توفير المواد المرجعية، كما ويصل شكرنا إلى لي دان من قناة الأرشيف لمحطة تلفزيون بكين لتعاونه على توفير المخطوط. وأخيرا وليس آخرا، نشكر جميع الزملاء الذين ساهموا أو ساعدوا بطريقة ما تجاه نشر هذا الكتاب.

لقد تمت مطالعة كمية واسعة من المواد في تأليف الكتاب، رجاء جعله أصيلاً قدر المستطاع. ولكن كثيرا من التفاصيل غابت في صفحات التاريخ. فإذا كانت هناك أخطاء أم نقص في محتوى الكتاب فالمرجو منكم الاتصال بنا بكل ذلك من دون تردد.

دار النشر للصناعة الكيميائية

يناير 2016